讲话其实可以套公式

JIANGHUA QISHI
KEYI TAO GONGSHI

曲直 龚一◎编著

中国纺织出版社有限公司

内 容 提 要

　　语言在人际交往中的重要性毋庸置疑，而会不会讲话，决定了我们人际关系的好坏、工作的顺利与否、人生的成功或失败，掌握讲话的奥秘，能让你左右逢源，受人欢迎。然而，把话讲好没你想得那么难！只要学会套公式，就能克服心理障碍，轻松掳获人心！

　　本书是一本生活中必备的口才宝典，它从生活、工作和人际交往中的方方面面入手，讲述了寒暄、赞美、幽默、批评、提问、道歉、破冰、拒绝、认同、求人、反击十一大讲话公式，语言言简意赅、通俗易懂。本书能让你通过套用极简的讲话公式，得到全方位的语言训练，成为受人欢迎的人！

图书在版编目（CIP）数据

　　讲话其实可以套公式／曲直，龚一编著. --北京：中国纺织出版社有限公司，2022.1 （2022.6重印）
　　ISBN 978-7-5180-8405-0

　　Ⅰ.①讲… Ⅱ. ①曲… ②龚… Ⅲ. ①人际关系—语言艺术—通俗读物 Ⅳ. ①C912.13-49

　　中国版本图书馆CIP数据核字（2021）第040686号

责任编辑：张 羽　　责任校对：高 涵　　责任印制：储志伟

中国纺织出版社有限公司出版发行
地址：北京市朝阳区百子湾东里A407号楼　邮政编码：100124
销售电话：010-67004422　传真：010-87155801
http://www.c-textilep.com
中国纺织出版社天猫旗舰店
官方微博http://weibo.com/2119887771
三河市延风印装有限公司印刷　各地新华书店经销
2022年1月第1版　2022年6月第2次印刷
开本：880×1230　1/32　印张：7
字数：168千字　定价：49.80元

凡购本书，如有缺页、倒页、脱页，由本社图书营销中心调换

前言

生活中的人们，不知你是否发现，在你的周围，有这样一些似乎掌握某种魔法的人：他们相貌平平、能力一般，但在这个圈子里，他们总是能如鱼得水，总是能获得他人的喜欢，仿佛无论他们到哪里，都能成为他人支持的对象，他们总是能受到上司的器重、客户的关照，所以，他们比别人更容易成功。也许你敬佩甚至是不服气他们的成功，并在心中存有疑问，那他们到底是怎样做到的呢？

其实，他们并不是有什么通天的本事，而是因为他们掌握了讲话的奥秘，他们深谙如何讲出让对方感到愉快的话、如何引导沟通方向、如何借助口才达成自己的目的。的确，在现代社会，无论是职场还是商场，一个人的口才就是软实力，决定了一个人的人际关系，如果别人认同你、喜欢你，就会愿意帮助你、与你开展合作，才能给予你更多的机会，让你获得成功。

日常生活中，会不会说话，真的太重要了。"一言可以兴邦，一言可以废邦"，一句话可以化干戈为玉帛，也可以让朋友之间老死不相往来。善于说话的人在这个世界上能够御风而行万事顺意，而不会说话的则如船搁浅滩步步难行。因此，我们可以长得不漂亮、不帅气，但一定要懂得如何说话，恰当地表达、巧妙地沟通，都能让你在生活和工作中顺心顺意。

　　我们每个现代人，都必须认识到说话的重要性，并且，要从现在起，就在生活和工作中有意识地提高自己的沟通能力和语言水平。因为任何人都不是天生的语言学家，都不可能生来就掌握沟通艺术。事实上，任何人，只要做到不断学习和提高，就能轻松驾驭语言，轻松地与人交流。

　　然而，会说话并不是夸夸其谈，而是有一定的章法，善于说话的人不一定说得很多，但是，他说过的每一句话都恰到好处，这是因为他掌握了一套讲话的公式，借用公式，他能将每一句话都说得逻辑清晰，都能说到对方的心坎里，都能达成自己的目的。

　　现在，也许你也希望能掌握这一套公式，但寻找的过程是艰难的，这里，我们推荐一本枕边书——《讲话其实可以套公式》。

　　本书为我们提供了不同场合下的语言情景训练，从而更鲜活地教导我们如何运用公式巧妙地与人沟通，增强我们说话的能力。相信你在熟读本书后，一定会对如何说话有个更深层次的理解，这能让你找到在工作、社交上，甚至在生活中从容应付的秘诀，最终帮助你成为一个能说会道、受人欢迎的人。

编著者

2021年3月

目 录

第一章

寒暄公式：营造氛围，大方攀谈

把握第一印象，恰当自我介绍

人们都说一回生、两回熟。"两回"不难，难就难在头"一回"。难在哪儿呢？难在面对的是陌生人，不知该从什么话说起，不知该说什么话，不知该说的话会不会让人听了感觉不悦……也就是说，面对陌生人，最难的就是如何通过自我介绍，给对方留下初次好印象。而如果我们懂得抓住对方的心理，说出一番别具特色的语言，定是能打动对方的。

一次非正式聚会中，一位老师将两个初出茅庐的大学毕业生引荐给某作家认识。男生A这样介绍自己："您好，我叫某某，今年刚毕业，正在找工作。"这位作家一听，当时有点愣，可能是头一次听人这么介绍自己，只好接话说："是吗？那加油啊，祝你早日找到满意的工作。"

而女生B的介绍则完全不同，她介绍自己的方式是拉近距离："您好，听说您是一位作家。"这位作家赶紧谦虚地说："哪里算作家，就是随便写写。"女生B笑吟吟地说："我也是，不过我更喜欢画画，我是一名美院毕业的学生。"很快，女生B和这位作家产生了两个共同的话题——写字和画画。等到聊得比较投机之后，女生B自然地提到找工作的事，而这位作家则表示可以引荐她认识在美术馆和画廊工作的朋友，一切来得水到渠成。

很明显，男生A的自我介绍是不得要领的，首先，他和这位作家完全不熟，在作家对他的性格和特长一无所知的情况下，他传达给作家一个他正在找工作的讯息，属于无效信号。这无疑会让这名作家产生这样的心理：此人不懂礼数。而女生B的自我介绍则注重从拉近与陌生人的距离开始，以攻心为主，每句话都说到作家心里去了，自然赢得了作家的好感，成功得到作家的指点也就自然是水到渠成的事。

单位突然请了一名资深顾问，这名顾问看似成熟，却令小叶很不满。虽然是第一次见面，但这位顾问却突然与小叶搭话："我叫××，有男朋友吗？一定没有吧？你看起来好严肃呀！"还一直问小叶："喂，你叫什么来着？"小叶心想，就算比别人资历深，也要顾好自己在别人眼里的第一印象吧！不仅小叶，单位其他同事也对这位成熟男士的印象也不好。

很明显，这位新来的顾问，因为说话太过招摇，而让同事产生了不好的印象。和这位资深顾问不同的是，新来的小唐的自我介绍就很好。

小唐第一天上班，她的工作就是负责接电话，但是对方好像听不懂她在说些什么，她表现得很紧张，用手捂着话筒对老职员李姐说："李姐，我是新来的小唐，早上也没跟你介绍一下，真对不起。现在客人好像不懂我在说什么，我刚来对业务也不太熟，你能帮我向他说明吗？"

原本还觉得新来的小姑娘不懂事的老职员李姐一下子怒意

全无了，她心想：看她的样子虽然很可笑，不过如此认真的态度倒是让人颇有好感，让别人也乐意帮她，比一些不懂装懂而误事的人强多了。

总之，自我介绍是一门学问。自我介绍的每一句话都要说到对方心里去，体现出你的交际品质，让对方觉得你是一个有个人风格的人，对你产生良好的印象，也就成功达到了攻克"陌生人心理堡垒"的目的。

那么，与陌生人初次见面的过程中，该怎样大方地介绍自己，才能给对方留下个好印象呢？

1.巧妙地介绍自己的名字

与人初次见面时，想让对方记住自己，最简单的办法就是让对方记住自己的名字。比如，你可以对自己的名字做一个简单但容易被别人记住的介绍："我姓接，接二连三的接，认识我，你会有接二连三的好运！"

2.自我介绍要摆脱陌生人情结

其实每个人跟陌生人交谈时内心都会不安，一定要自己先放下陌生人情结。面对陌生人不需要特意装模作样，不过也要表现出你的诚意。只有这样，才能显出你的大方和热情，而不至于忸怩作态，这也会让对方觉得你是一个有良好交际品质的人，从而愿意与你进一步交往。

3.解读现场的气氛与对方的心态

自我介绍不可太过冗长，有时候只需要简短的一两句话，因为吸引别人的也许正是开篇的某个亮点。同时，我们在介绍自己的时候，要避免谈论会让人讨厌的话题，不要一个人一直发表高见，也要学习倾听别人说话。解读现场的气氛，看准时机再发言。

4.保持谦虚低调

我们在自我介绍的时候，除了突出自己的亮点，自我介绍还是谦虚低调为好，免得给别人留下此人很自大的第一印象。

出入社交场合，免不了要自我介绍一番。很多人觉得这很容易："您好，我叫××，唱二人转的，很高兴认识你。"这不就结了？如果一个陌生人像这样平淡无奇地介绍自己，下次见面时，你十有八九会忘记对方的名字，甚至压根儿忘掉这个人。忘记别人可能会使你尴尬，不被人记住才最可悲。

与陌生人聊天，如何打破尴尬

许多人都有这样的体验，在走进一间陌生的房间，或是与一个不熟悉的人碰面时，在心里对自己说的最多的一句话，就是："我该怎样打破僵局，交到朋友？"而独处的时候，有时又会突然想到："啊，那天我很唐突地说了那样的一句话。"或者是："哎呀，我当时怎么说了那么破坏气氛的话。"想起来的时候，真是恨不得咬掉自己的舌头。可是，世上没有卖后悔药的，我们只好悔恨地提醒自己，下次不可以再犯。可是这样的话，又经常弄得自己很紧张，甚至惧怕与陌生人约会。

而事实上，从对方的心理角度来看，每个人在与陌生人交往的时候，都希望对方能主动打破尴尬。因此，我们要想攻破陌生人的心理防线，就要懂得应该与陌生人聊什么。

迈克是一家外企公司的人力资源经理，他招收过一批新员工。但让他感到不解的是：这些员工们在应聘时一个个都是侃侃而谈，对考官的各种提问都应答如流，可是进入公司后，很多人不善言谈的弱点"原形毕露"，即便让他们说些迎言送语式的话，也是面红耳赤，羞涩得不得了。后来，迈克就主动找他们谈话，问他们是不是对新环境感到不适应，他们大多低着头，小声嗫嚅："不习惯和陌生人说话。"倒是其中有一个人反问迈克："我也不知道该怎样做才能把自己融入集体？"

迈克笑了笑，随后问另一个把嘴管得死死的新员工："你是不是每次跟人说话都像赶考？"他点头表示"是"。迈克说："你这是没能克服心理的障碍。"

恐怕很多人在陌生的集体和个人面前都出现过这样的情况，在陌生人面前，因为怯生，所以就会出现舌头打滚、语无伦次，越想把话说得尽善尽美，越是说得言不达意。这就像一个初次登台的演唱者准备得越充分，演唱效果越是打折扣一样。戴尔·卡耐基在他的《人性的弱点》中提到了人际关系的抑郁症。是什么导致抑郁？是怯生。而怯生的原因反过来归结于我们不懂得如何说出打破尴尬的话。

那么，我们该怎样说话，才能将话说到陌生人心中，从而不觉得不好意思呢？为此，我们需要掌握几个要点。

1.开门见山

如果你经人介绍和一个陌生人或者一个群体认识，你不知道他们，他们也不了解你，你的心跳会不会突然加快，不知道如何是好？

那么怎样才能把握好与陌生群体对话的语机呢？有几种开门见山的"开场白"，比如"初来乍到，请大家多关照""今后我们要一起共事了，我有什么不妥之处，还请各位包涵""作为新人，能得到大家如此热情的对待，真让我感动不已""认识大家很高兴"……这样在群体面前说话，会让众人觉得你热情有加，心理距离也就一下子拉近了。

无论是对一个陌生人还是陌生的群体而言，沉默不语均被视作对这个群体的拒绝；说话太多也难以让陌生人接受，而且还会让人感到害怕。第一印象是带有根本性的。如果你没有管好自己的嘴，在陌生人面前出现"失言"或过分表现自己的所谓口才，那么你都会被陌生人从心里拒绝。而如果你懂得与陌生人聊天的语言秘诀的话，你就能轻松进入陌生人的心，从而轻而易举地跨过与别人之间的心理栅栏！

2.问话探路

把对方假设成一般过路人，然后像问路一样，找一些自己心里有数的问题佯装不知请对方来回答，这样你就取得了语机上的主动。无论对方的回答对与错，你均需认真地洗耳恭听，即使对方说错了，你也应该"将错就错"地表示谢意。因为，这种问话探路的目的并不是要找到什么答案，而是为了打开你和对方语言交流的闸门。

一旦双方对话的闸门被打开，原先那种陌生感就会自然消失。因为通常情况下，没有人会恶意地拒绝一个虚心请教者。相反，只要对方愿意搭你的话，你所预期的社交方案便已经成功了一半。问话探路法只适用于和一个陌生者搭话，若和一个团队接触，则不适用。

3.轻松探微

和一个陌生人初识，有时只需抓住对方工作或生活的某个细节，就会很顺利地叩开对方的心门，激发彼此交流的欲望。

仔细观察一下你身边的陌生人，看看他们是否有比较特别的地方，如对方使用的手机款式让你非常青睐，对方的耳环很特别……谈论这些细节很可能立刻吸引对方的兴趣。聊天的话题最好选择节奏感比较轻松明快的、无需费心思量的，这样就不会让人对你的搭话产生反感。有时候，即使无语，只需向对方报以会心的一笑，也会拉近彼此的距离。

当对方有意和你沟通时，无论对方的话是对是错，切忌否定对方，因为毕竟你们还不熟，一旦被否定，余下的沟通就很难继续，前面你所做的一切细节探微的努力也会因此而白费。

若遇到有人来问你问题，心里不要有顾虑，更不要回避。俗话说："一回生，两回熟。"第一回你就怯生而不语，何来第二回的相熟？要想尽快和陌生人相熟，不说话是不行的，但说话也要看怎么说。如果面对的是群体，你就不能急于回答他们的问题，以防捡了芝麻丢西瓜。

说好场面话，活络沟通氛围

你是否有过这样的经验，当你偶然进入一个陌生的地方，那里有你熟悉和不熟悉的朋友，他们看见你来了，立即起身用几句客套话对你表示欢迎，然后请你坐下来寒暄几句。这样一来，双方的感觉都会不错，感情自然也会更进一步。"场面话"是交谈的润滑剂，它能在陌生人之间架起友谊的桥梁。由于两人初次见面，对彼此都不太了解，所以往往会陷入无话可说的尴尬场面。这时我们不妨以一些"场面话"开头，比如："天气似乎热了点！"或者"最近忙些什么呢？"虽然这些"场面话"大部分并不重要，然而，正是这些话才使初次见面者免于尴尬的沉默。而同时，最为重要的是，会不会说"场面话"是一个人懂不懂礼数的重要表现。从心理学的角度看，人们都喜欢与知晓礼数的人交谈。为此，说好客套场面话，是敲开陌生人心理大门的一个重要方法。

在交际过程中，经常使用客套话、场面话和寒暄语，可以消除陌生心理，促成彼此间的良好交往，正如培根说过的："得体的客套和美好的仪容，都是交际艺术中不可缺少的。"所以，会交际的人应当像司机精通交规一样，熟悉和掌握好各种客套话。

在古典名著《红楼梦》中，就有许多经典的场面话。在《刘姥姥进大观园》一回中，刘姥姥找到周瑞的娘子时，两人就用了许多场面话来寒暄。

周瑞娘子迎出来问："是哪位？"刘姥姥忙迎上来问道："好呀，周嫂子！"周瑞娘子认了半天，方笑道："刘姥姥，你好呀！你说说才几年呀，我就忘了。请家里来坐吧。"刘姥姥边走边笑道："你老是贵人多忘事，哪里还记得我们呢。"来至房中，周瑞娘子命小丫头倒上茶来吃，在问些别后闲话后，又问姥姥："今日是路过，还是特来的?"刘姥姥便说："原是特来瞧瞧嫂子你，二则也请请姑太太的安。若可以领我见一见更好，若不能，便借嫂子转达致意罢了。"

在这段对话中，刘姥姥与周瑞娘子说的大部分都是场面话。刘姥姥通过一番场面话，让周瑞娘子觉得，刘姥姥虽然是个出身寒酸的人，但还是很懂礼数的。而同时，刘姥姥也化解了自己寒酸的身份，之后双方再聊起正题就显得亲切许多，自然，周瑞娘子也会给刘姥姥一个见主子的机会。一些本来不好开口的话，经过场面话的客套之后，听起来就舒服多了。因此，在交际过程中，一定要重视场面话的作用，特别是当你与陌生的人或不熟悉的人交往时，场面话无疑是打破距离障碍的第一把钥匙。

一般来说，"场面话"有以下几种。

1.当面称赞人的话

诸如称赞小孩子可爱聪明，称赞女士大方漂亮，称赞某人教子有方……这种场面话所说的有的是实情，有的则与事实有一定的差距，听起来说起来虽然"恶心"，但只要不太离谱，听的人十之八九都会感到高兴，而且旁人越多他越高兴。事实上，每个人都愿意听赞美的话，尤其是公开化的赞美话，对方更乐意接受。

2.当面答应人的话

和陌生人交往，如果对方希望你帮什么忙，即使你不能帮忙，也不能当面拒绝。因为场面会很难堪，而且会马上得罪人。你可以说这样一些场面话，诸如"我全力帮忙""有什么问题尽管来找我"等。给足对方面子，不至于让他下不来台，他也会觉得你是个顾全大局的人。

3.特定场合的客套话

另外，我们要记住一些特定场合下有针对性的客套话。比如，在打扰别人或者给对方添麻烦时，要真诚地说一声"对不起"或"不好意思",一旦没有了这句话,对方可能很长时间还对此事耿耿于怀;在求人办事后,要真诚地说声"谢谢""拜托您了",如果没有这句客套,对方会认为你求人的态度不够真诚或者认为你不懂礼节,对你的印象大打折扣;在作报告或者讲话时,可以先这样客套一下:"我的讲话水平不高,讲得不好,还请大家见谅""如果讲得不好,还望大家多多指正"……这类客套话表面上看似随口而出,实际上确实起到了表现自身涵养的作用。

　　会说场面话的人,都是交际场中的老手,即使是陌生场合,不论遇到多大身份的人也不会觉得不好意思,更不会冷场。可见,场面话的运用就像一把打开话匣子的钥匙,它可帮助你和陌生人顺利地谈话。因此,在与陌生人说话的时候,我们需要掌握一些"场面话"的说法,并在三言两语之间,轻松让对方为我们打开心门。

巧妙寒暄,多说积极的语言

　　在某些沉闷的环境里,很多人不愿意开口跟陌生人说话,是出于一种防备和自尊心理,在这种时候,你应该学会如何去激起说话对象的某种情绪,让他慢慢开始滔滔不绝。而这就需要我们多说些积极的话语。因为通常来说,人们在快乐与不快乐这两种情绪中，会下意识地选择快乐的情绪。

设想你正在乘着火车，你已坐了很久了，而前面还有很长的一段路程。你想与他人讲讲话，而如果你对对方说："真是一条又长又讨厌的旅程，你是否也有这种感觉？""是的，真讨厌。"对方肯定会这样回答。而接下来，你会发现，无论你说什么，他对你的回应都会是草草应付。这是为什么呢，因为你的开场已经给他带来了不快的情绪。语言可以表现一个人的人格。积极的语言会感染别人，使他人得到鼓舞和关怀，我们来看看意大利著名女记者奥琳埃娜·法拉奇的一次采访经历。

20世纪80年代，法拉奇打算到中国对某位领导人进行一次专门采访。然而，当时中国刚刚开始改革开放，在此之前中国与西方世界有着长达几十年的冷战，法拉奇非常在意这次专访能否成功。于是，在采访前，她翻阅了许多有关采访对象的书籍，在看到一本传记时，她注意到这位领导人的生日是1904年8月22日。于是，她脑海中有了些想法。

1980年的8月22日，中国某领导接受了法拉奇的专访。

"先生，首先我谨代表我们意大利人民祝福您，祝您生日快乐！"法拉奇十分谦逊有礼地说道。

"我的生日？我的生日不是明天吗？"领导分辩道。或许是工作太繁忙了，他已经忘记了自己的生日。法拉奇这么一说，他自己也搞糊涂了。

"没错的，先生，今天确实是您的生日。我是从您的传记中知道的。"法拉奇信心十足地说。

"噢！既然你这样说，就算是吧！我从来也不知道什么时候是我的生日。就算明天是我的生日，我也已经76岁了。76啊，早就是衰退的年龄了！这也值得祝贺？"显然，法拉奇的问候已经让这位领导对她有了好感，所以他不禁和她开了个小小的玩笑。

"先生，我父亲也是76岁了。如果我对他说那是一个衰退的年龄，他会给我一巴掌呢！"

法拉奇也和他开起了玩笑。那位领导听后，哈哈大笑。

"他做的也许对。不过，我相信你肯定不会对你父亲这样说的，对吧？"

采访气氛就这样十分融洽而轻松地形成了，接下来便是法拉奇此行的真正目的，她将谈话引入正题，采访在非常愉快的氛围中进行了。

法拉奇之所以能获得成功，是由于她这一番积极的寒暄。76岁对于一个人来说，的确是一个衰退的年纪，但她却巧妙地开玩笑："我父亲也是76岁了。如果我对他说那是一个衰退的年龄，他会给我一巴掌呢！"很明显，她这一番话营造出了积极轻松的交谈氛围，消除了与陌生领导之间的陌生感，就会使切入正题变得顺利多了，所以她的采访都得到了满意的答复。

那么，什么是积极的语言呢？积极的语言就是能促进彼此交谈，增深彼此友情的带有积极意义的语言，比如说，说话要真诚等。

1.用有积极意义的语言应对

比如，当你和陌生人说话时，对方对你的态度突然间冷淡下来，这时与其一个人冥思苦想："难道我说了什么伤感情的话？"不如直接试着问对方："我是不是说了什么失礼的话？如果有的话请您原谅。"这样一说，即使对方真的有什么不满，心有不悦的话，也会烟消云散。因为你的坦诚已经让他原谅了你。

2.说话要真诚

由于说话态度不同，语言既可以成为建立和谐人际关系最强有力的工具，也可以成为刺伤别人的利刃。如果没有发自内心的关怀心情，即使用再多华丽的语言，也会被对方看穿。所以满怀真诚是最重要的。

3.对方的优点或值得夸奖的地方要马上夸奖

夸奖陌生人，要比赞扬熟人难，因为彼此还不熟识。对此，我们需要细心观察，找出其可赞扬之处。比如，从对方的穿着、打扮、配饰开始："您今天穿的西服颜色真漂亮！"可是，却不能阿谀奉承或溜须拍马，因为对方明白，只是初次见面，你就说出这么多的恭维话，必定是在溜须拍马，这可能会导致对方对你的反感。所以，一定要说出真情实感。

4.不要说对方不爱听的话

对此，我们应慎选话题：不谈对方深以为憾的缺点和弱点；不谈上司、同事及一些朋友们的坏话；不谈人家的隐私；不谈不景气、手头紧之类的话；不谈一些荒诞离奇、黄色淫秽的事情；不询问妇女的年龄、婚否、家庭财产等事情；不说个人恩怨和牢骚；不说一些尚未明辨的隐衷是非；避开令人不愉快的疾病详情；忌夸自己的成就和得意之处。这些都是对方敏感的话题，也是禁忌的题。不说对方敏感的话题是建立和谐人际关系的准则。

使语言不成为"利刃"的最低条件是什么呢？那就是不要说对方不想听的话题。总之，与陌生人说话，多说积极的语言，令对方感到振奋开心，这对于我们成功操纵对方心理，打开交际局面是大有帮助的，这也是我们必备的一项说话本领！

找准话题，与陌生人之间建立亲切感

我们在生活中，总会遇到很多陌生人，与他们有着或亲或疏的关系，千万不要不好意思与陌生人做朋友，因为任何一个朋友都是从陌生人开始发展而来的。通常情况下，我们为了工作、生活，不可能永远限制在自己的狭窄交际圈子里，必须不断地拓展自己的交际圈子，结识更多新的朋友，扩大自己的人际关系，储备自己的人脉资源。这对于每个人来说，都是必不可少的交际过程。

因此，我们每天面对的众多陌生人，他们之中就有我们需要结识的新朋友，他们就是我们即将拓展的交际圈子中的一员。那么，如何与一个完全陌生的人交朋友呢？最为关键的一步就是要消除彼此之间的陌生感，让对方对你产生一种亲切感，对你失去戒备心理，自愿与你建立一种良好的人际关系。

小张是公司采购部的调查员，这次他被委派到乡下调查村民的蘑菇收成情况。由于当天他处理一些事情耽误了最后一次班车，而离镇上的招待所又很远，于是他不得不想办法找一户人家住一晚。但是他一连问了好几家，都被主人婉言拒绝了。小张倒也能理解，毕竟谁也不愿意留一个陌生人在家里住宿。可是，天已经越来越黑了，小张决定最后再碰碰运气。

当小张再次敲开一户农家的门时，开门的是一位老大爷，只见他一脸戒备地问道："你是谁？你有什么事吗？"

这次，小张并没有直接说自己想投宿，而是说："大爷，我听说这个村子里有几家种蘑菇的能手，听说他们对蘑菇的研究比专业的研究人员还厉害，我是公司采购部的调查员，准备调查一下他们的蘑菇收成情况，但是不知道那几家住在哪里，所以向您打听一下。"

那位老大爷听了小张的话，脸上的神情立即缓和了下来："小伙子，你进来慢慢说吧，这天都黑了，外面黑灯瞎火的，你怎么赶路呢？"

小张连忙道谢，跟随着老大爷一起进了屋，小张看了看老大爷的屋里，不经意发现了很多晒干的蘑菇。小张走上前去，拿了一朵蘑菇放在手里观察，发现被晒干的蘑菇，色泽鲜亮，异常饱满硕大，小张不禁问道："大爷，您可真会种蘑菇啊！您就是村里几家能手之一吧！"

老大爷听了，乐呵呵地笑了："你还别说，其他没有什么好说，我这辈子就数种蘑菇有了点成绩。"

小张不禁向老大爷竖起了大拇指："这已经是巨大的成绩了，您种这种蘑菇有什么讲究吗？"

小张的一个问题打开了老大爷的话匣子，这一老一少就种蘑菇的话题说开了。当然，那天晚上小张就住在了老大爷的家里。

小张并没有直接说自己想投宿，但是他希望住宿的目的达到了。他用老大爷引以为豪的种蘑菇作为话题的切入点，迅速就把双方之间的感情距离缩短了。

那么，这就需要你掌握几个可行的技巧和方法。

1.顺势取材

据说，在西方很多国家见面打招呼的第一句话就是"今天天气怎么样"。这样的场面话当然不错，但是如果你不论时间、地点就一味地谈论天气则会显得有些滑稽。最好就是结合你们交流的环境，顺势取材，随机应变。比如，对方第一次邀请你去他家玩，你不妨就他们家的装修、室内设计进行赞美，"这房间设计不错"。对方可能会自豪地说"这都是我的主意"，这样一下子就打开了双方的话匣子。其实，这样的谈话并没有多少实质性的内容，主要是为了消除彼此的陌生感，使双方之间的气氛融洽。

2.善意的微笑

陌生人之间第一次见面，必然要留下极为深刻的印象。如果你能在陌生人面前露出善意的微笑，那无疑会为你增添不少的魅力。人们在面对一个陌生人时，多多少少总会有一种防备心理，不愿意向对方开启心灵之门。但是，微笑是打开对方心扉的钥匙，即便是一个再冷漠的人，他对来自你的微笑也是没有任何戒备心理的。因为，一个微笑不仅不具备攻击性，更是一种表达友好的方式。

3.适当地提问

我们在与陌生人见面时，免不了要进行语言上的沟通，除了倾听对方的谈话之外，还需要适当地提问，激起对方谈话的欲望。提问是引导话题、展开谈话的一个好方法。提问有三方面的作用：一是通过发问来了解自己不熟悉的情况；二是将对方的思路引导到某个要点上；三是打破冷场，避免僵局。

当然，提问也是需要技巧的，需要避开一些对方难以应对的问题，如超乎对方知识水平的有关问题、对方难以启齿的隐私等。还需要注意提问的方式，不能像查户口一样机械性地提问，你可以适当问"你这次到北京有什么新的感触"，这样才能激起对方谈话的欲望。如果你向对方提问，对方不愿意回答或者回答不上来，那么你要迅速转换话题，化解尴尬的气氛。

在我们身边的每一个朋友都是从陌生到熟识的，与陌生人交流，如果处理得好，可以一见如故、相见恨晚，如果处理不当，就会导致四目相对、局促无言。因此，我们在与陌生人交往的时候，最关键的就是消除对方心里的陌生感。

恰当称呼，让对方感到亲切

称呼，是人与人之间在交往中一方对另一方的称谓。虽然，在平日的生活中，我们并没有过多地重视称呼的变化，但实际上，善于称呼才能为你赢得好感。在我们日常交际中，称呼是一种很友善的问候，也是人与人之间交往的开始。中国自古就是一个文明的国家，逐渐形成了一种文明规范的礼貌称呼。因而，在某些时候，怎么称呼别人，成了一件很讲究的事情。如果你能够称呼恰当，会让对方感到很亲切，也能够帮助你在人际交往中如鱼得水，事半功倍，给对方留下一个良好的印象。相反，如果你称呼不恰当，往往会惹得对方不快，甚至产生恼怒情绪，这样也会使双方的交流陷入尴尬的境地，导致交流失败。

"伟明，我们班明天上午第一节课需要教导处安排一下，谢谢你了！"

"海大哥，明天我试教，麻烦你来听一下，多提宝贵意见噢。"

"阿坤，我们班的阳光指数好像有些出入，我想和你讨论一下。"

"萍大小姐，今天下午1点，少儿频道来采访你们班的'道德银行'，你准备一下。"

这些天来，不断地在办公室听到这样的称呼。被称为萍大小姐的方萍老师笑言："刚开始时还觉得不习惯，可后来才发现这样的称呼挺有意思的，比以前的直呼其名亲切多了，我们在这样一种轻松的氛围中愉快地工作，连工作效率也提高了不少。

在小学教育集团的校园里，出现了这样的现象，不论是打招呼，或者是公务往来，许多老师之间不再直呼其名，取而代之的是更显亲切的别样称呼。这种变化是从新校长来了之后开始的，当校长亲切地称呼老师的时候，让老师们感觉好像一家人一样。

俗话说：一滴水里见太阳。当你置身于一个校园，听到下属与上司之间彼此的称谓，就可以知道这所学校的文化及员工之间的关系大概如何了。从直呼其名到别样称呼，看似不经意地改变，却让置身于其中的人感到无比亲切，提高了工作效率，增强了集体荣誉感，也和谐了上司与下属、同事与同事之间的关系。

1.不可直呼其名

一直以来，西方主要以直呼其名为称呼的方式，但对于一直主张文明礼仪的中国，这样的称呼方式并不恰当。也许，有的人觉得只要不是自己的父母长辈，只需要以直呼其名来称呼他人就行了，这样也给自己省去了不少麻烦。殊不知，即便是不怎么熟悉的同事，如果你以直呼其名的方式来招呼他人，只会让对方感觉到不受尊重。所以，对于绝大多数人来说，他们都会在正式的拜访场合或者日常的交际场所，舍弃直呼其名而选取别样的称呼，这样反而会给对方一种特别的亲切感。

2.带点亲昵的称呼

以中国人传统的礼仪，许多人觉得"长幼有序"，而彼此熟悉的同辈之间就可以"直呼其名"，虽然这样的称呼也是无可厚非的，但是，却少了一份亲昵。所以，要想在人际交往中建立融洽的人际关系，就不应该直呼其名，而是应选择带点亲昵的称呼，这样在无形之中会拉近彼此的距离，增加亲切感，同时也让寒暄变得更加自然。

如何称呼他人，看似很简单，却是一门不简单的学问。有的人习惯说"请问是某某吗"或者客气地说"某某，您好"，这样直呼其名，一下子就拉开了彼此之间的距离，而且直呼其名也显得很不尊重。那么，这时候，我们就需要以别样称呼来代替直呼其名，如此恰到好处的称呼会让我们的寒暄听起来更贴切自然，其所产生的交际效果也是意想不到的。

第二章

赞美公式：讲究方法，喜悦倍增

赞美要有针对性，不能太笼统

一个人若是学会了赞美，往往能够受益无穷。在日常交际中，我们经常感受到赞美的魔力，不仅能打动他人，也使自己获得了友情和帮助。人总是对自己最感兴趣，认为自己最重要，希望被人赞美，那么，在与他人交往的过程中，我们应该遵循一个原则：尊重他人，肯定他人，并真诚地赞美他人。不过，就赞美而言，也是需要一定技巧的。我们对他人的赞美不能太笼统，而是需要有针对性。

生活中，我们经常听到"你这个人真是太好了"，虽然，这听上去是一句赞美的话语，但是，具体好在哪里呢？赞美者却没能说清楚，给人一种虚假的感觉，如此的赞美，不仅不能打动人心，反而令人生厌。

王先生和夫人带着一位翻译同一位外商洽谈生意，外商见到夫人后，便夸赞道："你的夫人真是太漂亮了！"王先生客气地说："哪里、哪里。"翻译听到这话，心想可碰到难题了，这"哪里、哪里"怎么翻译呢，最后，他翻译成了："Where，where？"外商听了，心中感到疑惑，心想：说你夫人漂亮就是漂亮呗，还非要问具体漂亮在哪里？于是，外商笑着回答说："你的夫人眼睛漂亮，身材好，气质好……"说完，大家都哈哈大笑了起来。

这个有趣的故事告诉我们，在赞美他人的时候，一定要在心里问自己"哪里、哪里"，对方漂亮在哪里、好在哪里，这样，你的赞美就会因为有了针对性而打动对方，甚至，有可能会产生神奇的效果。我们要明白，当我们赞美对方"真好""真漂亮"的时候，他内心深处就立即会有一种心理期待，很想听听下文，到底"好在哪里""漂亮在哪里"，这时，如果没有针对性的表述，对方该是多么失望啊。

这天，公司的职员小路心情特别好，她觉得公司特别温馨，觉得每个同事都很可爱，甚至，她主动承担了上司布置下来的工作任务。可能她自己都说不清楚这到底是为了什么，这不仅仅是因为她今天穿了新的裙子，更因为她在刚走进公司门的时候碰到了同事小娜，虽然，她们平时话不多，但是，小娜看见穿着新裙子的小路，脱口就说："哇，你的裙子真漂亮！款式很适合你。"可能，小娜也没想到自己一句最普通的赞美，会给小路带来好心情。

对于漂亮的女同事，就需要赞美其装扮，因为漂亮的外表是她们最在意的部分。小娜如此有针对性的赞美，自然会打动小路的心，而且，还给小路带来了一天的好心情。一般情况下，太笼统、太宽泛的赞美会给人一种虚情假意的感觉，而有针对性的赞美能让对方感觉到你是发自内心的赞美，当然，这样的赞美能很好地打动对方。

那么，如何能做到有针对性的赞美呢？

1.赞美对方的某个动作或行为

在生活中，泛泛的赞美很快就让我们词穷了，除了真好、真棒、你是最棒的，超不过10个词，然后就没什么可说了。怎么才能做到针对性地赞美他人呢？比如，如果你见到一个人，不说你漂亮，而是说"今天的发型让你神采奕奕"，这样，对方是不是会更高兴呢？因此，与其说那些空泛的赞美不如说出最让你满意的某个动作或者行为。

2.针对不同类型的人

在赞美他人的时候，我们还需要针对不同类型的人作出恰当的赞美。比如，见到一个孩子，你不能说潇洒，而是聪明、可爱、懂事；见到漂亮的女人，就应该赞美其漂亮；见到男人就应该赞美其潇洒帅气。如果你对他们没有针对性的赞美，对方定会觉得你是虚情假意，又怎会被你打动呢？

赞美需要寻找一个合适的话题

有人说："世界上最华丽的语言就是对他人的赞美。"大量事实证明，适度的赞美不但可以拉近人与人之间的距离，更能够打开一个人的心扉。可是，如何才能不露痕迹地将那些赞美的话送给对方呢？在交谈过程中，你总不能一个劲地夸奖

"你真棒""你真优秀""你们家装修得真漂亮"，在很多时候，为了能使赞美发挥出更大的力量，我们应该将赞美融入话题中。

简单地说，寻找到一个话题，再针对话题中所透露出来的消息，对他人进行恰到好处的赞美，这样的赞美不露痕迹，可谓是"水到渠成"，对方在不知不觉间就被几句赞美打动了。

有一次，一个顾客在一款地砖面前伫立了很久，导购员小李走过去对顾客说："先生，您的眼光真好，这款地砖是我们公司的主打产品，也是上个月的销售冠军。"顾客问道："多少钱一块啊？"小李回答说："这块瓷砖，打折后的价格是100元一块。"

顾客说道："有点贵，还能便宜吗？"小李说："冒昧地问一句，您家在哪个小区？"顾客回答说："在东方明珠。"小李赞美道："东方明珠应该是市里很不错的楼盘了，听说小区的绿化非常漂亮，而且，室内的格局都非常不错，交通也很方便，买这么好的地方，我看就不用在乎多几块钱了吧？不过，我们近期正在对东方明珠做一个促销活动，这次还真能给您一个团购价的优惠。"顾客兴奋地说："可是我现在还没有拿到新房的钥匙，没有具体的面积和数量怎么办呢？"小李回答说："您要是现在就提货还优惠不成呢，我们规定要达到25户以上才能享受优惠，今天加上您这一单才15户，不过，您可以先交定金，我给您标上团购，等您面积出来了，再告诉我具体面积和数量。"

就这样，顾客提前交了定金，两个星期以后，这个订单就算定下来了。

在这个案例中，我们不难发现，导购员小李善于发现赞美的话题，首先，他开口就以赞美引入了话题，虽然，赞美的话不一定是真话，但是，这赞美的话顾客就是喜欢听，一句"眼光不错"就可以打动对方。后来，导购员小李问道："您家在哪个小区？"其实，在这里我们应该明白，不管顾客说的是哪个小区，小李都会由衷地夸奖"你们小区是市里有名的小区"，而这样具体的赞美需要融入话题中，因此，小李才有那么一问。果然，小李说的"东方明珠应该是市里很不错的楼盘了，听说小区的绿化非常漂亮，而且，室内的格局都非常不错，交通也很方便"，一下子就打动了顾客，后面，再适时抛出促销的活动，顾客想不下订单都难了。

那么，在日常交际中，我们该如何寻找赞美的话题呢？

1.赞美对方得意的事情

每个人对于自己得意、骄傲的事情总是很热衷，他们更希望自己得意的事情得到别人的肯定与赞美。因此，在聊到一些话题，如果你发现对方总是骄傲地谈到某些事情，不妨顺势赞美。比如，一位母亲总是拿着孩子的照片给你看，那证明她对有这样的孩子而感到骄傲，你可以说："这是你孩子啊，我现在才知道美女小时候长什么样，我以前只见过你这样的大美女，没见过小美女。瞧你这孩子，长得多好，眼睛多大，哎，还是双眼皮耶！"想想，这位母亲听了该有多高兴啊。

2.赞美对方感兴趣的事情

每个人都有自己感兴趣的东西，有的人喜欢画画，有的人喜欢练字，虽然，他们的水平并不怎么样，但是，他们对于那些东西就是喜欢。在言谈中，不妨将对方感兴趣的事情引入话题中，多谈论对方感兴趣的事情，顺势赞美几句，对方心里一定乐开了花。

虽然这个世界上到处都充满了矫饰奉承的赞美，但是人们仍然非常愿意得到你发自内心的肯定和赞美。真诚的赞美没有经过矫饰，自然而真实，就好像在闲聊之中适时插了几句好听的话，从而达到打动对方的目的。

找到他人的特别之处进行赞美

美国有一名学者这样提醒人们："努力去发现你能对别人加以夸奖的极小事情，寻找你与之交往的人的优点，那些你能够赞美的地方，要形成一和每天至少真诚地赞美别人一次的习惯，这样，你与别人的关系将会变得更加和睦。"在日常交际中，要想建立良好的人际关系，恰当地赞美他人是必不可少的。事实上，每个人都希望自己能受到别人的赞美，得到他人的肯定。但是，由于人与人之间交谈的时间并不多，而且，人们普遍不善于去发现他人值得赞美的地方，于是，很多时候，就会出现一些问题：要么赞美不当，要么缺少赞美。

这天，营业厅小李临柜，一位中年男人储户递上了一张5万元的国债存单，说道："我的国债到期了，看能不能再买点国债，利息高，又保险，国家信誉嘛！"小李夸赞道："先生，您的理财意识很强啊，很有经济头脑。现在，国债代理业务已经过期了，我们近期代理的是人寿太平保险，这个险种卖得可快啦。"中年男人问道："我家五口人，爱人、女儿、儿子、母亲，我特别惦记我60岁的老母亲，想给她买份保险，你给参谋参谋。"小李马上说道："您这份孝心真难得，我给您推荐太平盈利保险，投保年龄是65周岁以下，正适合您的母亲，年利率2.25％，如果意外身故，可以获得两倍的保险金。"

说着，小李进一步介绍："您的儿子、女儿将来要外出上学，您和爱人又年富力强，建议买分红型的，每月分红，如果发生意外身故三倍返还赔偿金，另外赠您一份学生平安卡。"中年男人有些顾虑："我先回去想想，时间不早了，还要赶回学校做饭哩！"小李心想，如果客户临时变卦了，把钱转存其他银行了咋办。于是，小李赶紧问道："您在哪家学校做饭？"中年男人回答说："前面一点的区一中。"小李马上接话说："我营业所主任的孩子就在你们学校，一直夸食堂饭菜好，原来是您的手艺呀！"中年男人来了兴趣，睁大眼睛非常兴奋："真的吗？人人都夸老师好，我没想到还有人夸我这个做饭的，谢谢了，对了，你先给我说清楚吧，我现在也不着急走。"小李又详细解释了一番，中年男人笑了："现在我明白了，买保险就好比买雨伞，平常不用，下雨有用。"小李夸奖道："您的比喻可真恰当！"这时，那位中年人才决定填单，将5万元全部投保。

在整个交谈过程中，小李的赞美可是一直没停歇："您的理财意识很强啊，很有经济头脑""您这份孝心真难得""一直夸食堂饭菜好，原来是您的手艺呀""您的比喻可真恰当"，而且，她的每一句赞美都是有根据的，并不是泛泛而谈，这样的赞美之词顾客听了喜欢。小李是一个善于发现别人优点的人，有的人同样是听顾客说这几句话，却没能想到这些恰恰是值得赞美的地方。小李正是凭着自己敏锐的眼光，发现了顾客身上那些值得赞美的地方，才如愿打动了原本犹豫不决的顾客。因此，在生活中，我们要善于去发现他人身上值得赞美的地方，发现了就要大声赞美，这样我们才能打动他人的心。

1.从细节处赞美

那些有经验的人常常会抓住某人在某方面的行为细节，巧言赞美，这样就很容易赢得对方的好感。因为细节的赞美，不仅给对方带来心理上的满足，而且，还会增进彼此的心灵默契程度。你能观察对方那些尚未被人发现的细节优点，那就表明那些赞美是发自你内心的，如此自然而又真诚的赞美足以打动人心。

2.挖掘他人身上的闪光点

每个人都有自己的长处，我们在赞美他人的时候，关键在于你是否"慧眼识珠"，能否发现对方身上的闪光点。有的人常常埋怨别人身上没有优点，不知道该赞美什么，其实，这恰恰说明了你缺乏发掘闪光点的能力。

3.赞美的角度要新颖

每个人都有许多优点和长处，我们要独具慧眼，善于发现对方身上的"闪光点"和"兴趣点"，从新颖的角度赞美，这样才会起到事半功倍的效果。

其实，只要我们用心观察，就会发现每个人身上都有值得我们赞美的地方。有的人很聪明，有的人很友好，有的人善良，有的人漂亮，我们要明白，即使一个人浑身上下充满了缺点，但是，在他身上依然有闪光点，而我们需要做的就是去发现这些闪光点，再逐一去赞美对方这些优点，这样才能很好地打动对方。

赞美要适宜，可以适度夸张

在日常生活中，或许，我们每个人都曾得到过别人的赞美，赞美就如同润滑剂，可以和谐彼此之间的关系，让对方感受到话语里的温情。我们常说"赞美要真诚"，是否就意味着抛弃稍微夸张的赞美方式呢？事实上，生活中，偶尔来一些夸张的赞美，反而增加了不少情趣。比如，男人在赞美自己女朋友的时候，通常会说"你真是上天赐给我的天使""你真是美若天仙"，虽然，被赞美者明白自己并没有那种夸张的美丽，但是，心里却像是吃了蜂蜜一样甜。

成功大师戴尔·卡耐基曾做过二流推销员，那确实是一段难忘的经历。当时，卡耐基对发动机、车油和部件设计之类的机械知识毫无兴趣，这样一来，他完全无法掌控自己推销的产品的实质。

有一次，店里来了一个顾客，卡耐基立即走上去向他推销货车，不过，他说的话却往往连货车的边都沾不上。顾客觉得卡耐基是一个疯子，这时，老板气愤地走过来，大声吼道："你是在卖货车还是在演讲？告诉你，明天再卖不出去东西，我会让你滚蛋。"这下，卡耐基着急了，如果丢失了这份工作，将意味着自己无法生存。

于是，卡耐基立即说："老板，你是最仁慈的老板了，有了你，我才吃上了面包。你放心，为了你让我可以吃上面包，我会好好干的，而且，瞧你今天穿得多精神啊，相信你今天的生意会一帆风顺的。"被赞美了几句，老板的气也消了，也再没说过解雇卡耐基的事情了。

在这里，卡耐基的赞美有点夸张"老板，你是最仁慈的老板了，有了你，我才吃上了面包，你放心，为了你让我可以吃上面包，我会好好干"，话语里带着夸张的成分，好像如果没有了老板，自己就无法活下去似的。虽然，这样的赞美是夸张了点，但恰恰体现出老板对自己的重要性，而这正是老板所希望听到的。于是，在这样一句赞美的话之后，老板气也消了，也不再提解雇的事情了。从这里不难看出，在适当的时候，来一两句夸张的赞美也是很有必要的。

老婆买了一件衣服，小于就说："这件真漂亮，你穿上就像明星一样。"老婆的项目在公司拿了奖，他就说："你真棒，你真是集美貌和智慧的未来女强人。"刚开始，老婆听得心花怒放，可是，几个月过去了，她听得耳朵都起了老茧。周末，小于去丈母娘家吃饭，一进门就说："真谢谢你们生了这么一个好女儿，我娶了她，是我几辈子修来的福气。"老婆在一旁，眼睛瞪着老于，心想：这也太过了吧。从家里出来，老婆就对小于说："我爸爸觉得你突然之间变得虚伪了。"小于愣住了："这可都是赞美你的话，怎么嫌我虚伪了？"

本来，这些夸张的赞美语言偶尔来那么一两句，老婆肯定会心花怒放。但是，每次都是那些煽情、夸张的甜言蜜语，对方也会听腻的，而且，会觉得你根本就不是真心赞美。果然，在丈母娘家，小于那夸张的赞美怎么听给人的感觉都是虚伪的。所以，夸张的赞美方式应慎用，否则，效果只会适得其反。

那么，在日常生活中，我们该如何选择夸张的赞美方式呢?

1.慎用

一般情况下，我们不提倡用夸张的赞美方式，因为夸张的语言缺少了真诚，被赞美者很难被打动。不过，在适当的时候，比如在恭维上司的时候，在遵循事实的前提下，我们可以稍微说得夸张一点，这样，上司也是可以接受的，而且，在心理得到满足的同时，他们会更容易被我们的赞美之词所打动。

2.少用

当然，在大多数的情况下，夸张的赞美方式，我们是建议少用或者根本不主张使用。毕竟，只有真诚的赞美才能打动人心，而真诚就需要自然而真实的语言，稍作修饰的夸张语言都会影响到赞美本身的效果。如果你有把握能使用好夸张的赞美方式，那是可以的；反之，如果你根本就没有驾驭的能力，那就少用为妙。

我们要记住，夸张的赞美方式不是所有时候都适用，换句话说，夸张的赞美方式应该慎用、少用。如果你对谁都是那么一句夸张的赞美，对方一定会觉得你是一个虚伪的人，有了这样的判断，你的赞美非但不能打动对方，反而会令其心生厌恶。

找到方法，让赞美愉悦他人

卡耐基曾说过："当我们想要改变别人时，为什么不用赞美来代替责备呢？纵然部属只有一点点进步，我们也应该赞美他，因为，那才能激励别人不断地改进自己。"赞美他人，绝对算得上是一件好事，但绝不是一件容易的事。我们在赞美别人的时候，需要审时度势，还需要掌握一些方法，否则，即使你是真诚的，也会将好事变成坏事。不同的人在赞美别人的时候，会用到不同的方法：有的人喜欢采用直接的赞美方式，"你真是太漂亮了"；有的人喜欢使用比较实际的方式，"今天的菜格外美味，你的厨艺越来越好了"；有的人喜欢背着别人的面赞美他人，等到这话传到了当事人的耳朵里，却没想到效果却是出奇的好。

小王在与同事聊天的时候，随意说了几句上司的好话："张经理这个人真不错，处事比较公正，我来公司一年多了，他在各方面对我的帮助都挺大的，能够有这样的上司，真是我的幸运。"没过多久，这几句话就传到张经理的耳朵里，经理心中既欣慰又感动，就连那位同事在向经理传达这几句话的时候，都忍不住夸赞一番："小王这人真不错，心胸开阔，难得啊。"

年底分发奖金的时候，小王觉得自己这一年表现很不错，想争取一下。对此，他敲开了张经理的门，经理满脸热情："小王，有什么事吗？"小王有些不好意思："张经理，又来麻烦你，真是不好意思，那个年底发奖金的时候，我想争取一下，你看我合格不？"张经理笑了起来："这事啊，好说，我老早就觉得你小伙子不错，放心，这件事我一定放在心里。"

有时候，在背后说人家的好话、赞美几句的功效比当面说似乎更有效果，小王那看似随意的几句话却是有意策划的，这样，自己在张经理心中的形象一下子就提高了，办事自然就容易多了。其实，背后赞美他人比当面恭维的效果好得多，如果当面赞美，有可能会被认为这是拍马屁，同时，对方脸上也会挂不住，会觉得赞美不够真诚。那么，趁着对方不在场的时候，赞美几句，总有一天，这话会传到对方耳朵里，对方心里自然是美滋滋的，这样一来，打动人心的目的也达到了。

有记者曾问史考伯："你的老板为什么愿意一年付你超过100万的薪金，你到底有什么本事？"史考伯回答说："我对钢铁懂得并不多，我的最大本事是我能使员工受到鼓舞，而鼓舞员工的最好方法，就是表达真诚的赞赏和鼓励。"原来，史考伯就是凭着赞美他人，而拿到了年薪100万的高薪。不难想象，史考伯先生一定是精通了赞美的方法，否则，怎么能将赞美发挥出那样大的作用呢？下面，我们就列举几种简单的方法，以供参考借鉴。

1.出人意料的赞美

赞美来得比较突然，也会令人惊喜。比如，丈夫下班回家后，见妻子已经摆好了饭菜，不妨称赞妻子几句，受到了丈夫的赞美，作为妻子来说，心情是愉悦的。而且，在生活中，如果你赞美的内容出乎意料，也会打动对方的。

2.直接的赞美方法

在生活中，我们常见的赞美方法就是直接赞美，比如下属与上司、老师对学生、长辈对晚辈等，这样直接的赞美方法比较及时、直接，能够很好地鼓舞他人。如果你发现了对方身上有什么特点，不妨直接告诉他。

3.夸张的赞美方法

夸张的赞美方法又称为激情的赞美方法，拿破仑曾这样赞美他的妻子："从来没有哪个女人像你这样给我如此忠贞、如此火热、如此情意缠绵的爱。"赞美可以使你获得爱情，同时，还可以缓和矛盾。那些无法掩饰的赞美之情，使我们的另一半十分愉悦和满足。

4.间接的赞美方法

有直接的赞美方法，就有间接的赞美方法。在日常生活中，如果我们想赞美一个人，不便当面说出或没有适当的机会向他说出的时候，你可以在他的朋友或家人面前，适当地赞美一番，而且，这样赞美收到的效果将会更好。比如，当着下属的面赞美另一位员工"我觉得小王挺不错的，工作很认真，踏实能干，我很欣赏他"，等到这些话传到了员工耳朵里，他肯定会加倍努力工作来表达内心的感激。

如何才能使赞美发挥出应有的效果，如何才能通过赞美来打动他人，这就需要我们在赞美他人时讲究一定的方法，方法对了，赞美的效果就会出来了，那时，你还会担心打动不了人心吗？

请教，是一种别致的赞美

在生活中，我们经常听到这样的赞美："你的手工做得太好了，怎么做出来的，能教教我吗？"如此别具一格的赞美方法就是请教式赞美，什么是请教式的赞美呢？顾名思义，就是赞美对方的某些方面，而话语中带着请教的意味，似乎对方的优秀程度已经将其摆在了"老师"的位置上。而大多数人听到请教式的赞美，虽然表面上不做声，但其内心却早已经是兴奋异常了。

美国的一家化妆品公司曾有一名优秀的"推销冠军"。有一天，他还是和往常一样，把公司里刚出的化妆品的功能、效用告诉顾客，然而，女主人并没有表现出多大的兴趣。于是，他立刻闭上嘴巴，开动脑筋，并细心观察。突然，他看到阳台上摆着一盆美丽的盆栽，便说："好漂亮的盆栽啊！平常似乎很难见到。"

女主人来了兴致："你说得没错，这是很罕见的品种。同时，它也属于吊兰的一种。它真的很美，美在那种优雅的风情。"

　　"确实如此。但是，它应该不便宜吧？"

　　"这个宝贝很昂贵的，一盆就要花700美元。"

　　"什么？我的天哪，700美元？那每天都要给它浇水吗？我一直很喜欢盆栽，但却对此一窍不通，我能向你请教，你是如何培育出这样美丽的盆栽的吗？"

　　"是的，每天都要很细心地养育它……"女主人开始向推销员倾囊相授所有与盆栽有关的知识，而他也聚精会神地听着。最后，这位女主人一边打开钱包，一边说道："就算是我的先生，也不会听我嘀嘀咕咕讲这么多的，而你却愿意听我说这么久，甚至还能够理解我的这番话，真的太谢谢你了。如果改天有空，我会乐意向你传授种植兰花的经验，希望改天你再来听我谈兰花，好吗？"女主人爽快地接过了化妆品。

　　销售员通过向女主人请教关于盆栽的问题，打开了女主人的谈话兴致，而且，在交谈过程中，销售员一直以请教式赞美来夸奖女主人，使女主人的心理得到了极大的满足。说到最后，没等销售员开口，女主人就主动掏钱购买了化妆品，而且，还发出了"希望改天你再来听我谈兰花"的邀请。足以见得，请教式赞美所产生的良好效果。

　　其实，请教式赞美不仅仅重在请教，还表现出一种鼓励的意味。当然，这样的一种赞美方式不止局限于下属对上级，很多时候，上级为了鼓励下属，也可以向下属发出"请教式赞美"。在日常生活中，还有许多家长更是将请教式赞美当作了一种很好的教育方式，以此来鼓励小朋友。有时候，我们在求人办事的时候，不妨放低自己的身价，虚心请教，再说几句赞美之语，说不定能取得良好的效果呢。

这段时间，小雨跟她的一个朋友学会了十字绣，她利用业余时间，绣了一对在丛林中飞舞的蜻蜓。同事看了她绣的十字绣，很惊讶，那形象的花草、舞动着翅膀的蜻蜓非常逼真，同事由衷地赞美："哎呀，小雨，你太了不起了！你这是怎么绣出来的啊？"小雨笑了笑，看得出，她对自己花费了不少时间绣出来的作品很自豪，同事真诚地说："看你绣得这么漂亮，我也想学习一下，你能教教我吗？"小雨点点头，开始手把手地教同事如何绣十字绣。

同事那几句请教式赞美，恰到好处地温暖了小雨的心灵，融洽了彼此之间的关系。可以说，请教式赞美，是一种非常有效的赞美方式。给他人戴上了一顶高帽，再虚心地请教，想必，一个再自傲的人也会被打动，这样一来，自己所请求的事情自然就能够办成了。

请教式赞美能更容易让对方接受，让对方体验到自己的价值，从而心中产生某种成就感。这样的赞美方式大多适用于下属对上级、学生对老师、晚辈对长辈，由于对方身上有自己不具备的一技之长，遂以请教的赞美方式表达自己的仰慕之情，在这个过程中，对方往往能在请教式赞美中答应自己的请求，或者，他们有可能会主动帮助你渡过难关。

意外的赞美使人喜出望外

在今天这物欲横流、人际关系隔膜极深的浮躁社会里，精神的慰藉成为人们心里无限的渴望。许多人不愿对他人流露赞许的情感，让美好的言辞硬生生地压抑在心底深处，人类情感的交流也就渐渐走向沙化的荒漠。人与人之间的肯定和赞许，在很大程度上，能架起心与心相通的桥梁。人们之间的相互赞美可成为人际关系趋向友好的润滑剂。学会赞美别人，必定能够融化人与人寒冷的坚冰，必定能洞穿相互间心灵的隔膜。意外的赞美常常会使人喜悦倍增，拉近彼此之间的距离，从而能够更好说服对方甘愿为自己效力。

某大商场的某个服装店员每个月业绩总是会跃到第一，她的同事百思不得其解，于是等这位店员开始上班时，同事时不时就细细观察她的一言一行。一会儿有一个很瘦的妇女来了，她在店里挑中了合适的款，店员便从衣橱里取出大一号的尺寸。那位妇女当然知道自己穿几号衣服，她对店员说："不行，我是穿小一号的。"此时，这位店员惊讶地说："啊！真的吗？可是我一点都看不出来呀！"店员的同事们知道她业绩为什么这么高了，因为不时对顾客送上赞美之词，这样不但使顾客心花怒放，也使自己的销售业绩蒸蒸日上。

服装店员懂得在什么时候适时地赞美顾客，会让顾客们心情愉快，心情愉快的顾客在购物的过程中也会没有太多的计较，这样店员就能轻松地拿下这单生意。以此类推，店里的服装就容易在这么轻松的气氛中售出去，那位店员的业绩很高也是自然。就连在生活中不经意的一句赞美都能收到这么大的成效，更何况是人与人之间的交往呢。人总是喜欢被赞美的，即使明知对方讲的是奉承话，但是心里还是免不了会沾沾自喜，这是人性的弱点。学会在交际中，恰当地赞美他人，让他们乐意为我们帮忙。

有一次，卡耐基到邮局寄一封挂号信，人很多。卡耐基发现那位管挂号信的职员对自己的工作已经很不耐烦了，可能是他今天碰到了什么不愉快的事情，也许是年复一年地干着单调重复的工作，早就烦了。因此，卡耐基对自己说："我必须说一些令他高兴的话。他有什么真的值得我欣赏的吗？"稍加观察，卡耐基立即就在他身上看到了值得自己欣赏的一点。

因此，当他在接待卡耐基的时候，卡耐基很热忱地说："我真希望能有您这种头发。"

他抬起头，有点惊讶，面带微笑。"嘿，不像以前那么好看了。"他谦虚地回答。卡耐基对他说："虽然你的头发失去了一点原有的光泽，但仍然很好看。"他高兴极了。双方愉快地谈了起来，而他说的最后一句话是："相当多的人称赞过我的头发。"

卡耐基说："我敢打赌这位仁兄当天回家的路上一定会哼着小调；我敢打赌，他回家以后，一定会跟他的太太提到这件事；我敢打赌，他一定会对着镜子说："这的确是一头美丽的头发。'想到这些，我也非常高兴。"

卡耐基只是意外地赞赏了那位职员，就使本来心情不愉快的职员，开始露出笑容，并开始愉快地和卡耐基聊起来。如果卡耐基什么话都没有说，那位职员虽然碍于工作情面不得不管理挂号信，但是态度上肯定不是面带微笑。至少，他在卡耐基的赞美声中，是在乐意地帮忙，而不是仅仅当工作一样死板地处理。学会真诚地赞美他人，并让它成为一种习惯，那么，你就会发现欣赏一个人值得赞美的地方是一件多么容易的事情。而赞美别人，不仅让他人感到喜悦，也会使自己的心情变得愉快起来。

在潜意识里，我们都渴望别人的关注，渴望别人的赞美，这是每个人都会有的渴望。由此及彼，别人也渴望我们的赞美。

学会赞美别人往往会成为你处世的法宝。或许他不会因为我们一句意外的赞美而彻夜不眠，但是他会为了我们一句不经意间的赞美而喜悦，也会对我们充满感激。一句意料之外的赞美之词，会让他兴高采烈，这个时候，你再拜托他帮一个小忙，我想他是十分乐意为你效劳的。

第三章

幽默公式：语言风趣，彰显魅力

幽默具有令人发笑的力量，但幽默不是逗乐

现实生活中的任何人，在与人交往的时候，都渴望与那些具备"神秘力量"的人交往，因为他们能给我们带来精神上的愉悦。这种吸引人的"神秘力量"究竟是什么？没错，就是幽默！可以说，使人发笑是一种伟大的力量，它的力量有多大，我们并没有测量，但不可否认的是，谁都喜欢亲近让人快乐的人，他们帮我们暂时放下了肩上的担子与心头的挂虑来轻松片刻。幽默使人会心一笑，使人开怀，我们生活的周围，就是有人有这样的魔力，一开口，便能获取大众的笑容。为此，可能很多人认为，幽默便只是说说笑话而已，实际上，幽默能成为一种魅力，它绝非只是说说笑话这样容易的事。真正的幽默绝不是滑稽逗乐，也不是哗众取宠，更不是低级趣味。我国著名作家老舍也说过："嬉皮笑脸并非幽默。"幽默是一种优美的、健康的品质。

因此，我们可以认为，幽默的真谛不是逗乐，而是化解尴尬、制造快乐气氛、使人身心愉悦、使听者受到积极性和启发性意义。

战国时期，齐国有个身材矮小、出身卑微的人，叫淳于髡。但他是个口才极好的人，他经常能在讲笑话中让听者受到

启发。为此，齐威王常派他作齐国的使臣，出使各国。难得的是，每次出使他国，他都能出色地完成任务，因此，齐威王很是器重他。

一次，楚国发兵进攻齐国，齐国兵力不足，齐威王希望获得赵国的兵力援助，于是，他便派遣淳于髡带着黄金百斤、驷车十乘的礼物，前往赵国求救兵。

淳于髡接到命令之后，什么话也没说，只是放声大笑，笑得前仰后合。

齐威王对此感到很诧异，于是问他道："难道先生认为我送给赵王的礼物太少了？"

淳于髡回答说："怎么会呢？"

齐威王又问："那么，先生为何如此大笑呢？"

淳于髡答道："几天前，我从东面赶过来，路过一个地方，看见有一个人正在向土地神祈祷。他拿着一只猪蹄，捧着一杯酒，嘴里念念有词：'高地上粮食满筐，低地上收获满车，五谷丰登，全家富足。'我看见他奉献给土地神的少，而向神索取的多，所以觉得好笑。"

听到这里，齐威王听明白了，淳于髡是在用隐语来劝谏自己增加礼物，于是决定把礼品增加到黄金一千斤（每斤二十两）、白璧十对、驷车一百乘。

这里，淳于髡虽然向齐威王讲了个笑话，但却起到了劝谏的作用。的确，人与人之间，为了利益或理念，难免会陷入紧张或对立的状态；然而，沉重的问题也可以用轻松的方式去解决，严肃的问题也可以用幽默的钥匙去开启。这便是幽默的真谛之一。

如果你想塑造一种个人魅力，那么不论你是男是女，是老是少，也不论你是美是丑，是机伶或是木讷，唯一不会失误的秘方，只有一个，那就是幽默。在有限的时间和空间之内，哪怕是初次见面的一次晚餐上，幽默都能让你一展才华，脱颖而出，令人耳目一新，乐不可支，印象深刻。一段精彩的幽默对话，有时会让人一辈子不忘，你的形象和你的故事会一起被新朋友们长久地储存在记忆深处。

幽默感并不是每个人都天生具备的，但确实是一个有效的武器。可以调节紧张的气氛，让生活在你周围的人心情舒畅。但是要记住很重要的一点，只有真正懂得幽默的真谛，才能使风趣上升到幽默。如果一直本着逗乐的原则来取悦他人，那只能算是哗众取宠，不能算真正的幽默。而且有些低俗的情调会模糊人们的判断能力，时间长了会歪曲人们对某些事物正确的看法。情调高雅的幽默总是于诙谐的言语中蕴含着真理，体现着一种真善美的艺术。

出其不意，制造幽默

有这样一个鲜为人知的小故事：

古时候有位老太太，有两个女儿，一个女儿开了家鞋店，另一个女儿开了家雨伞店。这个老太太为了两个女儿的商店整天哭哭啼啼的。每当天气晴朗时，她就想起了卖伞女儿的伞卖不出去，因此伤心地哭泣；每当天下雨的时候，她又想起了卖鞋女儿的鞋不好卖，所以又伤心地哭泣。

一天，一位智者路过，看见老太太在门前哭泣，就问她为什么哭。老太太将事情一一给智者说明。

智者听了后，微微笑道："下雨的时候，你要想你卖伞的女儿的生意多好；天气晴朗的时候，你要想你卖鞋的女儿鞋卖得好，这样你不就不会伤心了吗？"

听了智者的一番话，老太太哈哈大笑起来。从此，下雨也好，天气晴朗也罢，老太太总是乐呵呵的，整天快乐地生活着。

一句话用不同的方法表达出来就有不同的效果。故事当中的智者，在听了老太太的话后，认真分析了整个事件的前后逻辑关系。智者在讲话的时候略施小计，将原来的逻辑关系重新排列，讲给了老太太听，最终使老太太转忧为喜。从这个小故事当中，我们可以看到，说话时语言的逻辑关系对整个事件的重要性。在成功的谈话交流当中，我们怎样才能保证不使自己的思维逻辑发生混乱呢？

1.发散思维使问题考虑得更加周全

在传统的直线思维面前，当面对困难时，我们往往会束手无策。遇到这样的情况，最常见的一种解决问题的方法就是利用逆向思维。逆向思维与传统的思维方式不同，它是从问题的另一端开始思考或是从问题的另一个侧面进行思考。这样一来，那些比较困难的问题在我们面前都显得不是问题了。但我们仅用这两种思维方式去解决问题还远远不够，还需用另外一种思维方式——发散思维。

发散思维是人在解决问题时，要从问题的各个方面去看待问题，从而提出多种解决问题的方法，以达到更加完美的追求。在与人交往时，我们要特别重视用发散思维的方式去思考问题。

例如，公司要与客户谈判。在谈判开始前双方都要制订自己的谈判方案，在制订谈判方案的时候就得用发散思维的方式去考虑问题。只有充分考虑了各个方面的问题，在谈判过程中才能显得成竹在胸、胜券在握。

2.理顺逻辑是关键

有什么样的思维，就有什么样的语言。人的思维不乱，语言也不会乱。例如，那些演讲家在一场精彩的演讲过程中，思维活跃而镇定，一旦思维出现了混乱，那他的演讲还会那么精彩吗？在我们的正常交往中，也会有这样的感觉，就是当你的思维比较清晰的时候，你所说出来的话都是有条理、较为清晰的。一旦你紧张时，思维就会出现混乱，理也理不清楚，说也说不清楚。

在自己的思维混乱时，先要镇定下来，这样才能做到心中有数、有条不紊。即使面对再困难的问题，我们只要静下心来好好理顺逻辑，仔细分析，就能充分地解决问题。

3.常想常用是方法

逻辑，说明白了就是问题的前后顺序。只是这种逻辑对一般人来讲都不好掌握，只有经常从各个方面去思考问题，并用多种方法去解决问题，才能逐步地掌握。在正常的交往当中，只要注意说话时的前言和后语就可以了。通常所说的"前言不搭后语"就是逻辑思维出现混乱所导致的结果，往往会闹笑话。

在与别人的谈话中，不仅仅要理顺自己说话时的思维逻辑，还要掌握别人说话时的逻辑关系，从对方的逻辑语言中提取有价值的信息。这样才能更加显示谈话者的谈话技巧。

善用比喻手法，令语言趣味无穷

比喻是文学创作中常用的一种修辞手法，它能将抽象的事物变得形象生动，令人留下深刻的印象；同时还能将深奥的道理用通俗易懂的语言加以说明，令人更加容易接受。其实，在口语交际中，善用比喻也可以很好地达到这样的效果。

关于比喻的妙用，战国时代惠施曾经说过："（比喻）以其所知，喻其之不所知，而使人知之。"在日常的发言和交谈中，恰当地运用比喻往往可以获得意想不到的效果。在说服他人时，比喻比罗列一大堆枯燥乏味的证据更加令人信服，并能使人豁然开朗，无须多言，深意自明。

比喻是一种高超的说话技巧，它不仅可以化枯燥乏味为生动有趣，化深奥难懂为浅显易明，化抽象概括为具体形象，化冗长繁复为简洁扼要，还可以显示说话者的机智幽默，委婉得体，举重若轻。在日常交往中，或许会遇到一些令人尴尬的话题，这时与其直接回答，不如巧妙地运用比喻来回答，既不回避，又保全了自己的面子。例如，在纽约国际笔会第48届年会上，中国著名作家陆文夫被问及对于性文学的看法时，依照中国人含蓄内敛的性格，直接回答这个问题似乎有些难堪，于是陆文夫巧妙地用了一个比喻作答："西方朋友接受一盒礼品时，往往当着别人的面就打开来看，而中国人恰恰相反，一般都要等客人离开后才打开盒子。"大家听到这个形象有趣的比喻都发出了会心的笑声，接着响起了一阵热烈的掌声。陆文夫用比喻将一个敏感的难题解答得简练而又圆满，由此可见比喻妙用的效果。

田甜的婆婆从乡下来了，一开始，大城市出身的田甜对这个穿着土气、满嘴方言的乡下老太婆不以为然，甚至还有一点儿看不起，但是时间长了，婆婆充满乡土气息、妙趣横生的比喻令田甜不由得刮目相看。

听说公公婆婆的婚姻完全是媒妁之言，婚前两人连面都没见过，于是田甜奇怪地问："既然婚前没有感情，妈你跟爸现在的感情怎么那么好呢？"婆婆说："我们就好比一壶冷水，放在炉子上，时间越久，温度就越高，到最后自然就沸腾了呗！"田甜被婆婆生动的比喻逗笑了。

田甜带婆婆出去逛街，买了一大堆东西，回到家，田甜问婆婆："逛街的感觉好吗？"婆婆笑着回答："逛街让我体会到了变身的感觉。"田甜好奇地问："为什么？""出门是兔子（跑得快），付钱时是鹅（抬头挺胸），回家是骆驼（背了一大堆）。"田甜听了不禁哈哈大笑。

田甜觉得自己的老公什么都好，就是只知埋头搞科研，不太善于同人交际。有一次，田甜又因此在数落老公，婆婆笑眯眯地说："闺女，你喜欢夏天的蚊子和青蛙不？""当然不。"田甜说。"那不就是，蚊子和青蛙天天在耳朵边聒噪，但没人喜欢；公鸡每天只在天亮的时候叫一声，但大家就都起床了。所以说得多不一定有用。"果然，没多久，老公的一项科研成果获了大奖，老公被提拔为技术科科长，田甜这才领会婆婆的智慧："你妈说你会'一鸣惊人'，这话一点儿不假！"

老太太并没有多大的学问，但是她巧用比喻，令所说的话妙趣横生，充满了生活的智慧。在现代社会中，一个人若想有打动人心的好口才，光将事情说得清楚明白是远远不够的，还必须妙语连珠、幽默风趣，才能给人艺术上的美感。一个通俗形象的比喻，胜过长篇大论的叙述，它基于联想、富有想象，不仅给人以哲学上的启迪，更能体现出说话者的机智与幽默。所以，我们在训练自己的口才时，要有意识地培养自己的形象思维能力，将比喻巧妙地用于说话论证之中，使语言生动形象、富有文采。

妙用歇后语及俗语，彰显语言魅力

唐朝的时候，国家康盛、人丁兴旺。到了唐朝后期，在官场上逐渐出现了买官卖官的现象，导致了那时的官场乌烟瘴气。

在一个偏远的小县城，县太爷为了给自己赚点外快，便开始给下面的人卖官。好多有钱人都给县太爷送了银子，很快就被安排到各个岗位上岗去了。有一位书生也想当个小官儿，想尝尝官味儿。他一直和这位县太爷关系很好，所以他也被列入了候选人名单。可是他就是没有钱可送，所以一直待在家里迟迟等不到分配的消息。这个书生心里又急又生气，于是在鞋带上系上一百多个铜钱，吭啷吭啷地去见他的老朋友县太爷。

县太爷见了很奇怪，指着钱就问："你为什么把它系在鞋上呢？"

这个书生回答："俗话说'有钱走遍天下，没钱寸步难行'，我因为寸步难行才把钱系在鞋上的啊！"

好朋友县太爷听了知道是在讽刺他，面红耳赤，心中非常生气，便随便应酬了几下。事后，干脆把那个书生的候选资格也取消了。

上面的故事当中，书生就是运用了"有钱走遍天下，没钱寸步难行"这样的俗语讽刺了县官只认钱不认人的丑行。这也和我们现在社会里所说的"有钱能使鬼推磨""钱不是万能的，但是没有钱是万万不能的"这样一些俗语基本相像。要看一个人掌握的词汇量的多少，我们可以从与这个人的谈话交流当中得知。那么一个掌握了大量的俗语和歇后语的人，在谈话交流的过程中他可以运用自如吗？非也。那么，在人与人的交流当中我们如何掌握运用好歇后语和俗语呢？

1.在谈话中学习更多歇后语和俗语

一个富有谈话经验的人会告诉你，在谈话交流中适当运用歇后语和俗语会增加谈话的成功率。与别人谈话交流，本身就是一种学习方法，学习别人好的谈话技巧，学习和不同的人沟通的方式，甚至是要学习别人说话的语言词汇。同一句话在不同的人口中出现，听起来却有不同的味道，这就是需要我们学习的技巧与方法。要想把话说好，就需要大量的词汇来丰富我们的语言，就需要我们不断地学习各种语言和词汇。尤其是掌握了大量的歇后语和俗语，并将它们付诸谈话交流之中，方能真正显示我们谈话时的魅力风格。

2.掌握歇后语和俗语背后的故事

有些歇后语和俗语往往含有深刻的含义，在它们逐渐发展演变的过程当中所表达的意义也发生了相应的变化。有时候还需要我们挖掘出这些歇后语和俗语背后的故事，了解它们所表达的不同含义，才能真正做到心中有数、胸有成竹。

3.用好歇后语和俗语将会事半功倍

在谈话交流的过程中，运用歇后语和俗语目的就是让双方的谈话更加融洽、更加和谐，达到说话者交流的目标。在交流中，如果用平白直快的话语与对方谈话，一场谈话结束后，对方对你的谈话很可能是像喝了一口白开水一样，索然无味，虽然谈话结束了，没有给对方留下什么印象，那不是白费口舌了吗？所以在交流时也要注意语言的润色，这里的润色便是指使用歇后语或者俗语来丰富我们的语言词汇。和别人谈话要注意自己谈话时的形象，这种形象不仅包括肢体形象，还包括语言形象。好的肢体形象会给对方留下好的第一印象，好的语言形象则能给对方留下永远的心理印象，他甚至在谈话时会提到你的名字，这便是提高你在人际交往圈整体形象的最好证明了。

巧用谐音，一语双关妙趣横生

从前有这样一个地主，总是靠剥削农民的血汗钱肆意挥霍。这个地主有个嗜好就是爱吃鸡。于是在他的土地租赁条例里便多了这样一条潜规则，每一个租种他土地的佃户，在交纳地租的同时还要给他送一只鸡。

有一个佃户王大嘴年终了，去给地主交纳租费，并要租种下一年的土地。他把要给地主的那只鸡装在一个袋子里，地租交完了，谈到下一年的土地使用时，地主见王大嘴两手空空没有鸡，便心中不悦，两眼朝天说："此田不予大嘴种。"王大嘴明白这句话的意思，立刻捉出袋子里的那只鸡。

地主见了鸡，心中大悦，马上改口说："不予大嘴却予谁？"

王大嘴想笑话一下地主，便说："您的话真是变化莫测啊！"

此时的地主笑呵呵地答道："方才那句话是无稽（鸡）之谈，现在这句话才是见机（鸡）而为啊！"

我们的汉语词汇有个特点就是有很多同音字，这种同音字在我们的日常生活中经常会碰到。同音字有个优点就是它可以表示谐音，写法不同的两个同音字可以相互转化，用以表达同样的意思。上面小故事当中的地主就是运用了汉字的谐音，一语双关诙谐地回答了佃户的询问，既给自己解了围，又显示了自己的说话技巧。所以说，谐音在我们的交流谈话中也会经常用到，而且有着其他技巧不可比拟的作用。

在交谈中运用谐音或双关语，常常能使谈话起到让人无法想象的效果。在日常的生活当中，我们少不了要用几个双关语来表达自己想要表达而又无法表达的那种感觉。那么在交流的过程中我们如何掌握谐音或双关的运用呢？

1.掌握谐音也是一门技巧

掌握一门技巧很难，掌握一门实用的技巧更难。说话的技巧包括方方面面，其中谐音或者双关的使用也是一门技巧。语言的学习是微妙的，不易察觉的。在与人的谈话中，不知不觉中就学会了几种说话的技巧，尤其在和那些谈话高手们交谈之后或是长期交往之后，我们会为自己的谈话水平大为惊讶。谐音或是双关在课堂上虽是常见的，但那些都不是常用的。所以要想掌握更多的常用的谐音或是双关语，就要在与别人尤其是与谈话高手们交流中留心学习、吸收那些词汇，并在以后的交流中经常使用，方能显现出一门谈话技巧的魅力之所在！

2.双关用好解难事

一次成功的谈话，有时候往往取决于一句话。一句话说好了，说得得当了，就会使谈话双方感到很轻松，自然而然地谈话就成功了。在遇到有些比较棘手、难于开口的事情时，我们不妨使用一些说话技巧，借助于双关或是谐音，将难以启齿的事情用很形象的语言转化成另一种事物来表达，和大家找一种心知肚明的感觉，这样一来你表达了你的想法，而对方也理解了你的想法。大家相互一笑，便心中豁然开朗了。

3.学会站在对面看风景

双方交往谈话也是有着相对性的。要理解对方的心态，学会站在对方的角度考虑整个事件。有的人说话喜欢直来直往的，说话从来都不考虑后果。不论你面对什么样的人，总是有个谈话话题，而这个话题往往会涉及你或者是与你交谈的另一方的一些隐私。如果你在说话时，用了一句双关语或者是谐音来代指某一件事情，而你代指的这些事情正好涉及另一方隐私，就会伤害到他，从而也影响你们两个人之间的正常交往。

所以，在自己的位置站惯了，看腻了那边的风景，还需要站到对方的位置去看看这边的风景，充分考虑一下在对方的位置上，看待同样的风景又会有什么样的感觉。

逗趣式的幽默，散发更多童真和趣味

幽默，是思想、才学和灵感的结晶，能使语言在瞬间闪现出耀眼的火花。它往往以温和宽厚的态度，夸张或倒错的方式，俏皮而含蓄的语言，进行讥刺、挪揄，使人们在会心的微笑中有所警觉。而现实生活中，很多人一脸严肃，即使是轻松的话题也显得分外凝重。实际上，如果能在经常开玩笑与谈笑风生中把某种信息传给对方，不是更好吗？因此，不论是内向或外向的人，对生活都可以采取幽默的态度。

老师："小波，你为什么上课吃苹果？"

小波："报告老师，我的香蕉吃完了。"

听完学生小波的回答，我们在感叹孩子调皮的同时，也不免被他的童真感动。这里，老师强调的是"上课"，即吃东西的时间，是状语，幽默主体小波强调的是"苹果"，即吃什么东西，是宾语。他误解了对方话语的重点，所以形成了幽默。看得出来，这种误解是无意的误解。

其实，生活中，面对严肃、凝重、尴尬的语言环境，我们不妨也和这个孩子一样逗逗趣。我们把这种制造幽默的方式叫作逗趣式的幽默。

有一家人决定进城里去居住，于是到处找房子。全家三口，夫妻二人与一个五岁的孩子。他们好不容易找到了一家愿意出租房子的主人，于是敲门，小心问道："我们一家三口有租到您的房子的荣幸吗？"房东看了这一家三口，说："很遗憾，实在对不起，我们不想租给有孩子的住户。"夫妻一听，很失望，带着孩子无奈地离开。那个五岁的小孩，从头到尾都看在眼里，只见他又折回去敲房东的大门，房东开了门，五岁的小孩子精神抖擞地说："老大爷，我租房子，我没有孩子，只有两位大人。"房东听了高声大笑，他们因此租到了房子。

小孩子没有心机，没有谋略，但这些话出自一个五岁小孩之口，自然天性，可信可赖，又蕴含了最大的幽默，体现着聪明才智。幽默需要童心。在强大的理性社会里，不仅成人的童心被泯灭，就是儿童也有成人化的趋势。幽默呼唤童心常在。

具体来说，逗趣式的幽默通常可以用于以下几种语言环境。

1.应对他人的攻击时

此时，采用恰当逗趣式的幽默谈吐来应对周旋，能使彼此沟通、缓和气氛，搞好关系，也显示了自己的风度、力量，维护了自身的形象，能收到积极的交际效果。

有一次，赫鲁晓夫访问南斯拉夫，铁托在一些高级官员的伴随下迎接他。一名高级官员突然提出挑衅性的问题，他对赫鲁晓夫说："俄国和斯大林对我们干了许多坏事，所以我们今天很难相信俄国人。"气氛一下子紧张起来。冷场片刻之后，赫鲁晓夫走到说这番话的高级官员身边，拍着他的肩膀对铁托说："铁托同志，如果你想叫谈判失败，就任命这个人担任谈判代表团团长。"赫鲁晓夫的幽默引起一阵笑声。在笑声中，紧张的气氛缓和了。

2.日常生活中表达活跃、活泼、亲昵时

马克思对燕妮求爱的方式就很别致。

一天，马克思对燕妮说："我已经爱上了一个人，决定向她求婚。"

燕妮吃惊地问："这人是谁？"

马克思没有正面回答，只是递给她一个小方盒，并说打开这个小方盒就知道了。

燕妮打开方盒一看，里面是一面镜子，照出了她自己清晰的面容，顿时恍然大悟。

马克思风趣的求爱方式既幽默又深情。

当然，无论在哪种情况下使用逗趣，都应符合公认的美学标准。否则，就会显得庸俗，有损威望。

第四章

批评公式：言语巧妙，不伤人心

说起同样的错误，让对方认识到自己的不足

人非圣贤，孰能无过，很多时候我们都会因为他人犯了错误，而怒不可遏，甚至口不择言采取各种决绝的方式批评他人。然而，直截了当的批评固然很好，能够直接为他人指出错误，也能够让他人第一时间改正和提升自我，获得进步。但是也会存在很多的弊端，诸如会伤害他人的颜面，也会因为一下子把愤怒的心中积存的话都说出来了，所以导致没有回旋的余地。这样一来，一旦我们不小心破坏了与他人的关系，想要挽回就很难了。实际上，每个人都会犯错误，当我们因为他人有心或者无意犯下的过错而歇斯底里时，也应该想到我们同样也会犯错，从而劝诫自己更加宽容地对待他人。

当然，很多时候有些错误是不得不说的，因为关系到他人的成长，或者关系到我们与他人的合作。的确，很多人在批评他人的错误时，会说："我是真心为了你好，否则我要是你的仇人，才不会为你指出错误，帮助你进步呢！"确实，人都是在改正错误的过程中才能不断进步的，因而被指出错误，我们的确要感谢那个人。然而，人也是很爱面子的动物，有的时候心里明知道要感谢他人，面上却因为被他人伤了面子，所以对他人怨声载道。而作为为他人指出错误的人，明明是好心好意

为他人着想，帮助他人进步，最终却落得埋怨，实在是得不偿失，也是事与愿违。那么，有没有一种方式，让我们既能够指出他人的错误，帮助他人成长，又能够避免被他人抱怨和责怪呢？当然有。

当我们在犯错误的人面前说起同样的错误，犯错误的人一定能够意识到自己在同样的方面做得不够好，从而主动反思自己，努力改正自己的错误。这样一来，哪怕我们不直截了当指出他人的错误，却也能够敲山震虎，起到相同的效果。与此同时，我们还能避免伤害他人的面子，他人呢，也可以于不知不觉中提升自己，完善自己，避免了被人当面指责的尴尬和难堪。当然，我们敲山震虎并不局限于完全相同的错误，也可以同类的错误对他人进行点拨。要知道，因为错误的类别相似，就算对方再怎么愚钝，也是能够感到心中一惊，更能够理解我们的苦衷，感受我们的无奈，从而主动反思自身，积极改正错误。

作为邻居，小米和叶子是同班同学，也是好朋友。每天她们都一起上学，一起放学，就像一对亲姐妹一样。然而，小米学习成绩非常好，叶子虽然也很用功，但是学习成绩却总是上不去，始终位于中间水平。眼看着又要期中考试了，想到自己一旦考不好，爸爸妈妈又会用小米作为自己的榜样和标杆来批评她，叶子不由得着急起来。

很快，考试的那一天就到来了，趁着老师不注意，叶子居然照抄同桌小米的试卷。试卷发下来之后，叶子居然和小米是相同的分数，她们俩都是98分。对于小米的成绩，没有人觉得惊讶，但是对于叶子的成绩，不管是老师、同学，还是叶子的爸爸妈妈，都觉得出乎意料。在发试卷的时候，显而易见，老师已经知道了叶子和小米的秘密，但是念及叶子是初犯，老师并不想让她难堪和下不来台，因而老师一边发试卷，一边对全班同学说："同学们，这次考试大多数同学表现都很好，但是我在个别同学的试卷上发现了抄袭的痕迹。其实，这是一个非常不好的习惯，首先这违背了做人要诚实的原则，其次，等到真正的升学考试时，考场纪律特别严格，如果有抄袭行为，那么原本不太如意的分数就会变成零分，岂不是更悲惨吗？"说完，老师还给同学们讲了一个高中生在高考的时候，因为作弊被判定零分的故事，这使原本能够考上二本的高中生，不得不背着一个不太好的名声，再次重复痛苦的高三生活。对于老师的话，那些心中没有"鬼"的同学们全都不以为然，但是叶子却暗暗感到后怕，觉得自己实在太冒险了。后来，叶子努力学习，而且积极主动和老师沟通，再也没有犯过这样的错误。

　　老师是非常明智的，也很注意保护同学们脆弱的自尊心，所以才会用这样敲山震虎的方法，委婉提出考试作弊的错误行为不可取，从而让叶子意识到自己不能再犯同样的错误，否则后果一定很严重。不过，敲山震虎的方法也需要慎用，只有敲到好处，才能起到良好的效果。

在使用同类错误批评他人时，我们要确定自己所选择的案例和被批评者所犯的错误有共同之处，这样被批评者才会联想到自己身上，从而主动反思自身，改正错误。如果两个错误相差甚远，那么被批评者就不会想到自己，批评也就失去了效果。其次，在使用同类错误批评他人时，一定要以尊重他人为基础，避免使用带有侮辱性或者攻击性的语言。被批评者一旦感受到自己被羞辱，就会产生强烈的抵触心理，导致无法起到预期的效果。总而言之，批评要讲究方式方法，批评不是我们自身负面情绪的发泄，而是要以给对方带来帮助为目的。我们如果总是无休止地批评他人，会给他人造成巨大的心理压力，甚至还会激起他人的逆反心理，导致事与愿违。但是使用同类错误批评他人，则能够很好地顾及对方的颜面，使对方乐于接受我们的暗示，积极主动地改正自己的错误。

批评别人前先自我批评，让对方心服口服

没有人愿意被他人批评，大多数人都喜欢听到他人对自己的赞美，而不愿意被否定。但是，人非圣贤，孰能无过，人从呱呱坠地，实际上就已经开始了不断犯错的过程，人也正是在不断犯错和改正错误的过程中成长起来的。那么，当我们面对犯错的孩子、家人或者朋友、同事时，难道就因为对方不想

被批评，所以始终保持沉默，任由对方在错误的道路上越走越远吗？

　　当然不是。人之所以在错误中成长，并非因为错误本身能够使人成长，而是因为人们犯错之后得到批评和指正，所以才能及时改正错误，让自己在人生的道路上更进一步。从这个角度而言，确切地说，人是在不断改正错误的过程中进步和成长的。那么，有没有什么方法能够使他人乐于接受我们的批评，而且对我们的批评心服口服呢？除了采取恰到好处的方式批评他人之外，我们也可以摆正态度。

　　细心的人会发现，当我们义正词严地批评他人时，他人一定会对我们心生不满，甚至对我们心怀怨恨，导致我们的批评效果也不好。假如我们能够采取迂回曲折的方式，在批评他人之前先进行自我批评，那么哪怕我们非常严厉地批评他人，他人也无法否定我们，更不能因为我们的批评，就对我们有意见。毕竟我们是先批评了自己，以身作则，勇敢地反思和承担责任之后，才客观公正地指出他人的错误。这样一来，他人自然无法和我们闹矛盾，更不可能对于我们的批评过于抵触。要知道，批评并非为了发泄情绪，更不是为了让被批评者丢掉面子，而是希望被批评者能够积极反思自己，取长补短、扬长避短，对我们的批评有则改之，无则加勉。只有被批评者取得进步，我们的批评才算起到作用。

　　作为一个十岁孩子的妈妈，张梅一直对儿子的教育问题感到头疼。儿子小时候尚且还好，对于妈妈的教诲能够记在心里，也能积极改正。但是随着儿子越长越大，也有了自己的小心思，自主和独立意识越来越强，所以对于妈妈的批评总是不以为然，有的时候还很不服气呢！

有一天，张梅因为头一天加班工作太累了，第二天起晚了，没有及时叫儿子起床。再加上起床之后，儿子一直磨磨蹭蹭、磨磨唧唧，最终导致上学迟到。儿子被老师狠狠批评了一顿，还和其他一个迟到的同学一起被罚站了。晚上回到家里，张梅没有像以往一样直接批评儿子动作太慢，而是先进行自我批评，主动向儿子承认错误："儿子，今天大部分责任都在妈妈身上，是因为妈妈起晚了，所以没有及时喊醒你。"儿子听到妈妈居然在向自己道歉，觉得非常诧异。在得到儿子原谅后，张梅又说："不过，我觉得如果你的动作能够更加快速一些，那么我们很有可能不迟到。你看到过部队里的人都是如何做事情的吗？很多新兵入营，都会被半夜集训，他们被要求在几分钟时间内穿好衣服，打好背包。这听起来很难实现，但是只要努力去做，还是有可能做到的。当然，你还小，也不是新兵，妈妈不会这么要求你，妈妈只是希望你能稍微快一些。毕竟早晨的时间很紧张，如果你想多睡一会儿，那么起床之后你就要加快速度，节省时间，你觉得呢？"以往，每次被妈妈批评，儿子都会非常抗拒，但是这一次，儿子显得非常体贴，居然主动向妈妈承认错误："妈妈，的确是因为我动作太磨蹭了。你放心吧，我以后会努力更快一些的。"看着突然间变得懂事的儿子，张梅觉得欣慰极了。

其实，儿子并非突然变得懂事了，而是因为张梅的自我批评，给儿子做出了好榜样，使得儿子也能够主动反思自己，从而更加深刻地意识到自己的缺点和不足，也能够心甘情愿地积极改变。任何情况下，我们都要设身处地为他人着想，千万不要不分青红皂白就呵斥他人，否则他人可能会因为受到误解心灵受伤，也可能会因为记恨我们反而变本加厉。

自我批评，首先表现了我们对于某件事情的态度，当我们展示了态度，他人才会对我们的批评显得更加宽容和理解，也不会再因为我们对他们的批评产生逆反心理，甚至导致事与愿违的结果。因而真正明智的人，在批评他人之前，都会进行适当的自我批评，以此增强批评他人的效果，使得他人乐于接受我们的批评，更能够积极主动地改变自己。

含蓄表意，暗中表达自己的意见

在日常交际中，对于一些难以启齿的需求，我们无法直接开口说出来，而是需要借助含蓄的语言才能达到表达的目的。很多时候，我们不得不向他人提出自己的所需所求，有可能是对方没有意识到的尴尬问题，也有可能是求人办事，这时候含蓄的表达效果远远高于直截了当。

含蓄表达是从侧面切入，暗中点明自己要表达的意思，换句话说，就是把话说在明处，把含义却藏在话的暗处。在正常交际中，我们要善于用含蓄的语言来表达自己的需求，传递出话语的"弦外之音"。

王伟到总经理家请求帮忙，经理夫人热情接待了他，也很有礼貌地端茶递水。可是，王伟办完了正事之后竟然开始高谈阔论起来。眼看天色已经很晚了，孩子也要早点休息，可那个王伟还显得意犹未尽。于是，经理夫人收拾了一下家务，到房间对丈夫说："小王这么晚来找你，你快点给他想个办法，别让他总是这样等着。"又对小王说："您再喝杯茶吧。"一时之间，王伟领会了夫人的话，很知趣地告辞了。

天色越来越晚，经理夫人想要休息了，但王伟还在继续高谈阔论，出于礼貌，夫人不可能直接说"今天已经很晚了，我们都要休息了，你还是早点回去吧"。于是，夫人通过含蓄的表达暗示了自己的真实需求。看似表面上是帮王伟说话，实际上却传递了另外一个信息，这种因情因势的表达，语言得体，又达到了自己的目的。

纪伯伦曾经说："如果你想了解一个人，不是去听他说出的话，而要去听他没有说出的话。"一般情况下，我们都不会轻易地把自己真实的意见或者想法直接说出来，但这些感情或意见却总会在我们的语言表达里表现得清清楚楚。所以，在沟通的过程中，我们不仅需要听得出别人的"弦外之音"，而且还要善于去传递自己的"言外之意"。

那么，如何含蓄地表达，才能让对方领会隐藏在话语中的真实需求呢？

1.通过说话方式传达自己的需求

在日常交际中，我们通常都会把自己的真实情感隐藏起来，但事实上在我们的言谈中却时刻流露出"蛛丝马迹"。这时，说话方式便是一个透露内心所想的"窗口"，我们的说话方式不一样，所反映出的真实需求也不同，注意自己的说话方式，便能够把自己的真实需求传递给对方。比如，对他人表示心怀不满或者有敌意时，我们的说话速度就变得迟缓，而且显得比较木讷。

2.说话的表情

有的人对自己的喜怒哀乐从不掩饰，有的人习惯于不动声色地掩饰自己的情绪，所以，我们在与别人交谈的时候，要学会用表情来传递自己的真实需求，比如面对同事的诉说，你表示"我当然也很关心"，但脸上却显得很漠然，传递着"谁有空来管这件事"的信息，对方也会领会到你不耐烦的情绪。

3.巧妙穿插"暗语"

我们的表述方式与表述习惯会传递出某些信息，这样你可以在言语中穿插一些暗语，"我会试着把这件事安排进工作进度中"，你所传递给对方的信息就是"我早就安排好了，你怎么不早一点告诉我呢"。

　　毫无疑问，在交际中我们是需要"言外之意"的，因为在很多时候，说话不能太直白、太明了。比如，给上司提意见的时候，不能表现得比上司还强；批评对方的不足之处，不能伤害他人的自尊。

提出批评，不可直截了当

　　有时候，我们会对身边的人所说的话，或者所做出的事情感到不满，抑或是我们代表着朋友的情谊而需要指出对方的错误。这时候，很多人选择以直接的方式说出，更有甚者，他们会选择一个公开的场合指手画脚，完全不顾及别人的感受，这样直接的做法只会伤害到对方，而且也不容易让对方接受。虽然，我们经常说"忠言逆耳，良药苦口"，但实际上又有谁愿意喝苦药呢？每个人都有自尊心，他们骄傲的内心不接纳来自别人的当面批评、直接指出错误。如果你偏偏要走"直路"，直接指出对方的错误，那么就会伤害到对方的自尊心，使对方处于一个难堪的境地，而他在愤恨之余也不会接受你的建议。

　　所以，当直路不能畅通的时候，你不妨舍弃直接的方式，选择委婉的方式，当你用委婉代替了直接，巧言暗示对方所犯下的错误，那么对方一定会聪明地领悟到你的用心良苦。直路只会让忠言被排斥在门外，良药被倒在垃圾桶里，而用委婉代替直路，让良药不再苦口，让忠言也能顺耳，以巧言语惊四座，指出对方错误，达到劝告对方的目的。

说话是一样的道理，直言快语的勇气值得称赞，但并不容易让人接受，也达不到预期的效果；委婉的表达方式虽然有点麻烦，但你会发现只要转个弯，曲径更好走，会更容易达到成功的目的。我们需要指出对方的错误，实际上就是一种批评，而成功的批评方式就是需要对方能够愉快地接受批评，及时地认识到自己的错误，并做出改正。所以，我们需要委婉地指出对方的错误，这样要比直接说出来显得温和，而且不会引起对方的强烈排斥。

传说，郑板桥早年的时候，家里很贫穷，有一年春节，因为没有食品过年，他在除夕向屠户赊了一只猪头，刚下锅，又被屠户要了去转手卖了高价。

为此他一直记恨在心。直到后来到山东范县做官，还特别规定杀猪的不准卖猪头，自己吃也要交税，以示对屠户的惩罚。郑板桥夫人听说此事，认为不妥。一天她捉到一只老鼠，吊在房里。夜里老鼠不停地挣扎，郑板桥一宿没睡好觉。郑板桥埋怨夫人，夫人说她小时候好不容易做了件新衣裳，被老鼠啃坏了。郑板桥听后笑了："兴化的老鼠啃坏了你的衣裳，又不是山东的，你恨它是何道理？"夫人说："你不是也恨范县杀猪的吗？"郑板桥恍然大悟，随即吟诗一首："贤内忠言实难求，板桥做事理不周。屠夫势利虽可恶，为官不应记私仇。"

郑板桥因为贫穷时的遭遇，一直对屠户怀恨在心，因而等到他做了官之后，就规定杀猪的不准卖猪头，自己吃也要交税，以示对屠户的惩罚，实际上他的这一行为就是公报私仇。这时候，夫人看不下去了，但如果直接指出郑板桥的错误，那么就会损伤他的自尊，也会使他陷入难堪的境地，所以，夫人运用类比的方法，巧用比喻，旁敲侧击，聪明的郑板桥立即领悟到了夫人话里蕴涵着的言外之意，自己也醒悟过来，明白了自己的错误。在这里，夫人就舍弃了直接的方式，而采用委婉的方式，达到了劝说的目的。

王太太为整修房屋请来了几位建筑工人。起初几天，她发现，这些建筑工人每次收工后都把院子弄得又脏又乱。可他们的手艺却让人无法挑剔，王太太不想训斥他们，便想了一个好办法。一天，建筑工人收工回家后，她便偷偷地和孩子们一起把院子收拾整齐，并将碎木屑扫好，堆到院子的角落里。到第二天工人们来干活时，她把工头叫到一边大声说："我真的对你们在收工前将我的院子扫的这么干净而高兴，我很满意你们的举动。"之后，每到收工时，工人们都自觉地把木屑扫到角落里，并且让工头做最后的检查。

如果王太太直接指出工人的错误，肯定使工人们恼火，而这种情绪会影响其工作效果，也会破坏他们与王太太之间的友好关系。所以，聪明的王太太舍弃了直接地指出错误，而是委婉地表示出自己的想法，聪明的工人们一下子就明白了王太太的意思，也认识到了自己的错误。因而，每次完工之后，工人们都会自觉地把木屑扫到角落里，并且让工头做最后的检查。

当我们在指出他人错误的时候，要善于舍弃直接的方式，选择能通幽的小径，以委婉的方式来指出他人的错误。这样的"曲径"不但能把我们的意思准确地表达出去，而且还能成功地使对方接受你的建议。如果要对方能虚心地接受你的建议，就要注重说话的技巧，一定要委婉地指出他人的错误，切勿直接批评。

表扬要立即，过错要宽容

卡耐基说："世界上最容易摧毁一个人志向的，那就是上司给他的批评，我从来不批评任何人，我只给人们工作的激励。我是急于称赞，而迟于寻错，如果说我喜欢什么的话，那就是诚于嘉许，宽于称道。""急于称赞，迟于寻错"是卡耐基所提倡的与人沟通的一个重要技巧。"急于称赞"，意思是别人做了好的事情，就要马上给予表扬，一个好习惯的形成往往是源于表扬；"迟于寻错"，是指对他人的错误，我们要学会宽容，不要别人一错就去批评，而是要包容对方的过错。

有一天，柯立芝总统对他的一位女秘书说："你今早穿的衣服很好看，你真的是一个非常漂亮的女孩子。"没想到，一向话少的柯立芝总统居然说出了这样的赞美之词，恐怕是秘书听过最动人的称赞了。这简直不太正常，有点出乎人的意料之外，那位女秘书脸上涌现出了一层红晕，总统继续说道："别难为情，也不要太过高兴。我刚才的话，是为了让你好过些。从现在起，我希望你对公文上的标点，要稍微注意一点。"

原来，柯立芝总统发现女秘书最近在公文的标点上出了很多的错误，对此，他才来了一个这样的"三明治"式的批评。

我们都知道，理发师在给客人修面的时候，为防止弄伤客人的脸，会事先涂上一层肥皂。在赞美秘书的同时，柯立芝总统包容了秘书的过错，以一种建议的方式提出自己的看法。如此批评的方式，运用了一个原则：当人们听到他人对自己优点的称赞之后，再去接受他人指出的缺点，会觉得好受一些。这其实也是"急于称赞，迟于寻错"的运用，对于他人的优点及时赞美，而对于他人的缺点，却能够含蓄地指出，给对方足够的接受时间。那么，自然而然地，无论是你的称赞还是批评，对方就都能够接受了。

有一天，发明大王爱迪生和他的助手辛辛苦苦工作了一天一夜，终于做出了一个电灯泡。他们非常珍惜这个成果，就叫来一个年轻的学徒，让他把这个灯泡拿到楼上的实验室好好保存。这名学徒知道这是个重要的东西，心里非常紧张，结果在上楼的时候，不住地哆嗦，一下子摔倒了，把电灯泡摔得粉碎。爱迪生感到非常惋惜，但没有责罚这名学徒。

过了几天，爱迪生和他的助手又用了一天一夜制作了一个电灯泡，做完后，爱迪生想也没想，仍然叫来那名学徒，让他送到楼上。这一次，什么事也没有发生，这个学徒安安稳稳地把灯泡拿到了楼上。事后，爱迪生的助手埋怨他说："原谅他就够了，你何必再把灯泡交给他呢，万一又摔在地上怎么办？"爱迪生回答："原谅并不是光靠嘴巴说的，而是需要实际行动。"

爱迪生以宽阔的胸襟包容了学徒的错误，而且，不仅如此，还以实际行动告诉学徒"我真的已经原谅了你"。如此一份宽容，怎能不打动年轻的学徒呢？"迟于寻错"，在这里，爱迪生以自己的实际行动诠释了宽容：对于他人的错误，不要一味地批评，而是需要我们去包容。

那么，在现实生活中，我们如何做到"急于称赞，迟于寻错"呢？

1.不吝惜对他人的称赞

在生活中，每个人身上都有值得称赞的地方，或是聪明，或是工作能力，只要我们发现了，就不要吝惜对他人的称赞。这不仅能快速获得对方的认同，而且，还能够有效地激励对方，促使其不断地上进。

2.以包容代替批评

俗话说得好："金无足赤，人无完人。"在生活中，错误是我们无法避免的，因此，面对他人有意或无意犯下的错误，我们要以包容代替批评。包容对方的错误，会让他意识到自己该怎么去做，从而接受我们的建议；而批评只会让一个犯错的人更受伤，他也会对你提出的建议持抵触心态，这样一来，我们就无法达到沟通的真正目的。

古人曰："人非圣贤，孰能无过。"如果你一味地批评他人的过错，似乎就是在展示自己的能力或是显示自己的地位，这样往往会伤害对方的自尊心，彼此的沟通也达不到良好的效果。所以，在现实生活中，对于他人的优点，我们要及时赞美，而对于他人的过错，我们不要急于去寻找，这样，才能建立和谐人际关系，快速得到他人的认同。

表达善意的批评，让对方充满感激

对于每一个领导来说，批评是一种必要的强化手段，批评与表扬是相辅相成的。批评也要讲艺术性，批评本身是一种指责，如果运用不当，下属就只会记住你的批评而不是自己的错误。作为一个领导，你应该尽量减少批评带来的副作用，尽可能地减少下级对批评的抵触情绪，来达到比较理想的批评效果。但在某些领导看来，批评就是全盘否定，只看到别人的缺点，忽视其优点。其实，从"批评"所达到的目的来说，我们可以把"批评"当作是"提醒"和"激励",而不是去否定一个人。尤其是对于领导来说,自己对下属的批评要尽显善意,在坚持原则性的基础上教育几句就行了,千万不要言辞刻薄,恶语相向,如此,下属才能接受你的批评,而且,在接受的同时,他们还会对你充满莫大的感激。

斯金纳教授提出了"用激励代替批评",他是伟大的心理学家,他用动物和人的实验来证明:当减少批评,多多激励对方的时候,他所做的好事就会增加,而那些比较不好的事情就会因为受忽视而逐渐萎缩。激励富有一种强大的力量,它可以让人重新改变自我,发愤图强,把自己的所有精力投入工作之中。所以,领导在面对下级出现的一些小问题、小错误的时候,批评下属要尽显善意,少一些批评,多一些激励,这样才能够让他们全身心地投入工作中,而那些他们身上的小问题、小缺点就会因为你的忽视而逐渐消失不见。

很多年以前,一个十岁的小男孩在一个工厂里做工。他从小就喜欢唱歌,并且梦想着当一个世界闻名的歌星。当他遇到他的第一位老师的时候,他满怀自豪地把自己的梦想告诉老师。可是老师非但没有给他鼓励,反而使他泄气,老师怀疑地说:"你根本不适合唱歌,你五音不全,唱歌简直就像是风在吹百叶窗一样。"

他很伤心地回到家里,但是他的母亲,一位穷苦的农妇却不以为然,她亲切地搂着自己的孩子,激励他说:"孩子,你能唱歌，你一定能把歌唱好。瞧你现在已经有了很大的进步。"于是，母亲在生活中节省下每一分钱，送她的儿子上音乐课。正是这位母亲的嘉许，给了孩子无穷的力量，也从此改变了他的一生。他的名字就叫恩瑞哥·卡罗素，他成为了那个时代最伟大、最著名的歌剧演唱家。

母亲的激励与老师的批评形成了鲜明的对比，显然，母亲的"批评"是善意的；而老师的批评虽然说不上恶意，但却刺伤了小男孩幼小的自尊心。试想，如果这位小男孩没有得到来自母亲的激励与赞许，只是沉浸在那位老师无情打击带来的痛苦中，那么，这个世界上也许就失去了一位著名的歌剧家。

李先生是一位成功人士，他在回忆自己的成长经历时充满深情地提到以前的一位老师，很有感慨地说如果没有老师当年讲的话，可能就没有自己的今天。

李先生说，自己从小调皮捣蛋，无心学习，整天打架，总之是劣习成性，没有哪个老师能把他驯服。后来有位年轻的女老师当了他的班主任，在一次他把邻班同学的头打破以后，老师找他到办公室，温和地对他说："我一直认为你是个聪明的学生，你看你这次考试又有进步了，老师希望你能够继续努力学习，把自己的聪明劲用到学习上来……"

他说老师的话对年少的他触动很大，他没想到老师会真诚地夸奖他，认为他很聪明。于是，他决心改掉所有的劣习，好好学习，最后，他终于成功了。

女老师把批评的话说得很动听，很打动人心。如果没有那位女老师激励的话语，也许李先生就不会拥有现在如此成功的人生。批评本身是具有伤害性的，而卓越的领导，则会把批评的伤害性降低到最低，这样一来，下属即使在遭受领导的批评之后，都只会对其充满感激，而非抱怨。

1.以激励代替批评

世界上拥有巨大成就的伟人，他们或多或少都是因为来自身边人的一句激励的话语，所以才会取得举世瞩目的成绩。没有爱迪生母亲对儿子孵鸡蛋行为的肯定与赞许，也许爱迪生就没有今天的辉煌成就；英国作家韦斯特若没有得到老校长的激励，可能就没有今日无数本畅销书，英国文学史上就缺少了不朽的一页。在生活中，给对方多一些激励的话语，少一些批评的话语，这样才能激发对方内在的潜能，更好地为工作效力。

2.启发式批评

批评的目的就在于使对方认识自己所犯的错误，并且能够及时改正。而要想使对方从根本、从内心认识到自己的错误，这就需要你从深处挖掘错误的原因。"晓之以理，动之以情"，你要用一些理解的话语慢慢启发对方，循循善诱，帮助对方认识并且改正错误。

3.警告式批评

如果你的下级所犯的错误并不是原则性的错误，或者你没有在犯错误的现场，作为领导，你就没有必要"真枪实弹"地对他进行严厉地批评。你可以用比较温和的话语，巧妙地点名问题所在；或者用某些事物进行对比、影射，只要点到为止，对他起一个警告的作用就可以了。

少一分指责，多一些嘉许，不仅让事情做起来得心应手，也会给予对方愉悦的心情，何乐而不为呢？我们不应该怀着自己的私心或因为自己对某些事物不感兴趣，就对他人的行为采取贬低或者批评的态度。少一些批评，多一些激励，也许就是你那一句微不足道的激励，给了那些需要动力的人无穷的力量，给那些身处逆境的下属奋勇向前的信心。

第五章

提问公式：敲门发问，占据主动

提出反问，帮助自己摆脱尴尬

1972年5月，美苏在莫斯科举行首脑高峰会谈。27日凌晨一点，美国前国务卿基辛格在莫斯科访问过程中，向随行的美国记者介绍美苏关于限制战略核武器四个协定签署会谈情况。基辛格微笑着向记者透露说："苏联生产导弹的速度，大约是每年250枚。"这时，无孔不入的美国记者马上敏捷地接过话头，试探着想问一下美国的军事秘密，说："那现在我们的情况呢？我们美国有多少潜艇导弹正在配置分导式多弹头？"

基辛格耸耸肩膀，摇摇头说："我不确切知道正在配置的分导式多弹头有多少。至于潜艇，我的苦处是，数目我是知道的，但我不知道它们是否保密的。"

记者接过话头说："不是保密的。"

于是基辛格反问道："不是保密的吗？那么请你告诉我是多少呢？"

发问的记者顿时傻住了，只得不好意思地一笑了之。

在这个案例中，基辛格想避开记者的追问，佯装不知道潜艇数字是否保密，他似乎是在迎上前去暗示记者：如果不属于保密之列，将公诸新闻界。急于抢新闻、争时效的记者不知是计，连忙告知："不是保密的。"他们以为这样一来，基辛格便会和盘托出。岂料基辛格虚晃一枪，他留给记者一个大难题：既然你们说是不保密的，那就是公开的了，既然人所共知，那么就让消息灵通的记者自己来回答这个众所周知的数字吧！当记者为这个突然来临的"难题"不知所措时，基辛格就可以不用回答这个保密的问题了。有时候，当你不知道该怎么样回答别人的提问时，你可以反过来问他，这样就能把你解救出来。那么，到底如何才能更好地应用反问来提问呢？

1.反问必须方法得当

有时候我们在和别人交谈时，进行反问并不失礼，但必须方法得当。你惊奇地反问"咦？"或者回答"哦？"等不确定的反问语气时，对方一定会觉得是被怀疑，从而产生不被信任的感觉，所以会对你的印象不佳。如果对方讲话你没有听明白，或者对方向你提出的问题你不懂的时候，你就可以反问对方"你怎么看这个问题？"或"你认为结果会是怎样的呢？"等一些反问的话。当你用这样得当的反问把对方踢过来的"皮球"再踢回去的时候，对方也一定会真诚地回答你反问的问题。

2.反问可以适当幽默

幽默的形式是轻松愉快的，和幽默的人交谈也是充满快乐的，当你在反问时用上幽默的词语，不仅能回答对方的提问而且还能使人感到活泼、轻松、快乐、滑稽、诙谐。

在北京奥运会开赛前，就有消息传出，这也许是姚明最后一次代表国家队出战奥运会。虽然在比赛中姚明非常拼命，但还是不能力挽狂澜，最后中国队止步八强，没能突破历史纪录。在记者招待会上，当记者问到姚明是否会就此退出国家队时，姚明先半开玩笑地反问道："我那么老吗？"一句幽默的反问赢得了记者的掌声。

因此，当你遇到不想直接回答的问题时，适当用幽默的反问去应答，不仅给出了答案，而且还营造了一种轻松的氛围。

3.反问也要机智

机智的反问就是针对不同的情境和对象，从不同的角度和侧面，或明或暗、或褒或贬、或深或细、或深或浅地反问对方。可以表明你的立场、态度或观点，给人以震慑。

找准问题，提问要有效

小黄是某高校本科毕业生。这年他申请出国留学，获得了学校的审批。

来到美国后，他结识了一个好朋友叫作彼得。两个人经常一起学习，一起踢足球、打篮球，就连课题研究也是一样的。但是最近两个人却发生了一次不小的争吵，给两人的友谊蒙上了阴影。

那次，小黄关心地问彼得："你家里有几口人啊？"

彼得一听，厌烦地说："这是我的秘密，不能告诉你。"

小黄觉得不可思议，生气地说："我这在关心你，关心你的家庭。你怎么不识好人心呢？"

彼得也生气了，他说："你们中国人难道对别人的家庭就那么感兴趣吗？"

小黄气愤地说："我关心了你一下，你怎么扯上中国人了？中国人哪里得罪你了？"

彼得大声说："我不讨厌中国人，但我讨厌你。"说完头也不回地走了。

从那以后，小黄和彼得很少说话，两个人见了面也是扭头就走。

向对方提问，一定要注意，不要问没有意义的问题，否则会引起对方的厌恶。可能你说你是在关心对方，但是有个前提需要明确：对方是否需要你的关心。如果对方不需要，那么你的关心就会给对方带来压力。同样，在提问的时候，要想清楚，对方是否愿意回答你的问题，如果你觉得对方不愿意回答，那么你的提问根本没有任何意义，还会让对方觉得你很无聊。所以，在提问的时候，一定要避免提问无效的问题。那么，到底如何提问才能避免提无效的问题呢？

1.提问要有针对性

在向对方提问的时候，一定要有针对性。不能眉毛胡子一把抓。要根据对方的年龄、身份、文化素养和性格来提出不同的问题。比如对小朋友可以问："你今年几岁了？"但是对于老人就不能这么问。对于中国人，询问对方的家庭可以表示关心，也是对对方的尊重。但是如果这样问一个美国人，则会引起对方的厌恶。他们觉得是在打听隐私。所以，要针对不同的情况用不同的方式来询问。这样，在人际交往中，才能维持良好的人际关系。如果不了解对方的实际情况，最好不要盲目提问。否则会给自己带来不必要的麻烦。

2.要照顾对方的心理状况

在提问的时候，一定要照顾对方的心理状况，比如对方高兴的时候，可以询问："什么事让你这么高兴啊？"对方在兴头上，自然愿意把快乐跟你分享。如果对方受到了巨大的刺激，悲痛欲绝。这时候你如果问："怎么了啊？让你这么难受。"对方本来就难受，你的询问无疑加剧了别人的痛苦。所以，在询问的时候，一定要看对方的心理状况。对方心情好的时候可以询问，分享快乐。对方心情不好的时候，也可以询问，可以分担痛苦。但是仅限于关系比较好的朋友之间。如果关系没有达到一定的程度，贸然询问，不但得不到对方的肯定，还会成为对方的出气筒。

3.要选择合适的话题

话题是两个人交流的载体。在试图了解对方的时候，询问是一条很快的途径。但是询问的时候，一定要选择合适的话题。否则双方说几句话就没话可聊了。这样双方的交流就没有办法正常进行。在选择话题的时候最好选对方感兴趣的话题。

比如，一个人羽毛球打得很好，你就可以问："听说你很喜欢打羽毛球，是吗？"对方喜欢打羽毛球，自然有很多愿意交流的心得。这样，双方就羽毛球会展开一番交流。所以，询问的时候一定要事先了解对方感兴趣的话题。如果不知道，可以通过观察来试探。比如，对方穿着运动服出现在你的面前，你可以问："你平时很喜欢运动吗？"如果对方是，则有了话题可聊。如果对方回答不是，可能会告诉你他喜欢什么。这样，围绕着对方喜欢的话题，就可以展开一番交流和讨论。

因势利导，提问要逐步深入

孟子拜见齐宣王，问："您曾经告诉庄暴说您爱好音乐，有这么回事吗？"

齐宣王有些不好意思，只得据实说："我并不是爱好古乐，只是爱好一般的音乐罢了。"

孟子说："只要您非常爱好音乐，那齐国便会富强了。无论您爱好的是现在的音乐还是古代的音乐，它们都是一样的。"

齐宣王说："先生可以清楚地说明这个道理吗？"

孟子说："一个人单独欣赏音乐的快乐，和与大家一起欣赏音乐的快乐，究竟哪一种更快乐呢？"

齐宣王说："当然是与大家一起欣赏音乐更为快乐。"

孟子说："与少数人欣赏音乐快乐，与多数人欣赏音乐也快乐，究竟哪一种更快乐呢？"

齐宣王说："当然是与多数人一起欣赏音乐更快乐。"

孟子接着说："那么就让我和您谈谈赏乐的道理吧！假如大王在这儿奏乐，老百姓听到鸣钟击鼓、吹箫奏笛的声音，却都愁眉苦脸，'我们的国王这样爱好音乐，为什么我们却苦到这般地步呢？'原因就在于大王只图个人享乐，而不与百姓同乐。但是，假如大王在这儿奏乐，老百姓全都眉开眼笑，'我们的大王很快乐，要不怎么能够奏乐呢？'这没有别的原因，只是因为国王与百姓能一同娱乐罢了。所以，如果大王能与百姓同乐，就可使天下归服了。"

说话的时候要一步一个台阶，按照对方思维发展的趋势，逐渐提出问题，这样才能逐步否定对方的观点，最后将对方否定。孟子在这段论辩中用了因势利导的方式。当他听说国王喜爱音乐时，就由此下手，用一个个问句，一步步深入，最后得出结论：如果大王能与百姓一同娱乐，就可使天下归服。从而达到说服齐宣王与民同乐的目的。那么，在询问时如何进行逐步深入呢？

1.预先明确目标

在询问的时候，一定要有一个明确的目标，你向对方发问是想到达一个什么目的。只要明确了这个目的，在具体的询问中就会有所指。千万不能没有目标，胡乱发问。这样不但不能达到逐步深入的目的，还会引起对方的反感。有了明确的目标，还要明白每一个问题怎么问才算合适，问到一个什么程度上才算恰到好处。只有心中有了这些明确的规划，询问起来才不会不知所云。所以，在询问之前，一定要找到自己询问的明确目的，要明确自己想要达到的目标。

2.说话要有逻辑性

在询问的时候，每个问题之间都要有很强的逻辑性，这样才能一步一步将对方引到我们设置好的目标上。如果哪一个问题上出了问题，自相矛盾，或者问题不严谨，这样就没有办法成功引导对方。因为你自身出了问题，也就意味着你所设置的所有逻辑都存在了问题。连自己都说服不了，怎么去引导别人呢？所以，在引导的时候，一定要注意语言的逻辑性。要仔细斟酌每一个词，每一句话。把话说得严谨一些，不要犯明显的错误。这样一来，对方在你的引导下才能顺利到达预先设置好的目标。否则，被对方找出逻辑的错误，反驳得无话可说，不但不能引导对方，还有可能被对方引导。

3.多用问句引导

在引导对方的时候，要多用问句。尤其是反问句，让对方所坚持的观点和看法在你的反问下失去抵抗力，从而乖乖地听从你的调遣。当然，在用反问句的时候，要先用大量的论据和事实将对方驳倒。在你的反问下，对方再不缴械投降似乎就已经没有退路了。这样在你环环相扣的一个个反问下，对方会一步步地跟着你靠近预先设置好的目标。比如：你举了大量的例子说明不上学是没有出路的，然后问："难道你还不想去学校吗？"在事实面前，对方自然乖乖地跟着你去学校。如果事实不充分，说明不了问题，对方自然会起身反驳。这样整个设计就会功亏一篑。

向对方提问，一定要把握好尺度

肖云今年25岁了。已经到了谈婚论嫁的年龄了。可是肖云非常挑剔，始终没有找到自己满意的对象。于是她的婚姻大事就成了父母的压力。二老托人四处打听介绍。后来在邻居王大妈的介绍下，与一个老师见了面。

双方都很满意。通过几次的接触，双方很快建立了恋爱关系。第一次在公园门口准时约会。小伙子多少有些腼腆，平日里很少跟女生打交道。第一次约会也不知道说什么。肖云接触的男生不少，但是毕竟和对方也是刚刚认识，也不知道该说什么。于是双方持久地沉默着。

肖云想问个问题，打破沉默，于是她问："你谈过恋爱吗？"小伙子一脸惊恐，摇了摇头。双方再次陷入沉默。

过了几分钟，肖云再次提问："你工作轻松吗？工资多少钱啊？"小伙子支支吾吾说了几句，就找了个借口走了。

从那之后，他们再也没有见过面。原来男方对肖云问的问题很反感，觉得她是个只看钱的人。就这样，一个不恰当的提问毁了肖云的一段姻缘。

向对方提问的时候，一定要把握好尺度。如果两个人关系还很陌生，就不适合问一切过于深的问题，因为对方不回答似乎不礼貌，回答了又对你没有信任感，觉得自己不安全。所以，在提问之前，一定要想一想，问这样的问题合适不合适，如果觉得不合适最好别问。问了只能徒增双方的尴尬。那么，在具体的提问中，如何才能把握好提问的尺度，打好擦边球呢？

1.适当的身份提适当的问题

人与人之间的关系不一样，问问题的时候，也要适当考虑清楚，这个问题是不是你们之间目前的关系所能问的。比如故事中的肖云和小伙子之间，双方还很陌生，就问收入，显然不合适。这个问题如果到了双方已经热恋之后再问，也没什么不可，只是双方刚刚认识就问，一下子将两人之间的距离拉了很近。对方自然受不了了。所以，在提问的时候，一定要明确你和对方的关系，一般情况下，关系熟了，可以问有点深度的问题也不为过，如果关系还很陌生，最好不要问过于隐私的问题。这会让别人感觉到没有安全感。

2.不宜问对方不知道的问题

在向别人提问的时候，一定要事先想一想，对方能否回答这个问题，如果觉得能回答，那么提问，对方自然很高兴为你解答。但是如果对方不能回答，你却问了，令对方尴尬。这就失去了提问的价值所在。比如你问一位医生："去年发生在本市的肝炎病例有多少？"这个问题对方很可能就答不出来，因为一般的医生谁也不会去费神地记这类数字。要是对方回答说"不太清楚"，就不仅使答者有失体面，问者自己也会感到没趣。

3.不要打破砂锅问到底

有些人总喜欢打破砂锅问到底，不管你愿意不愿意回答，总是没完没了地发问，让人厌烦。问问题的时候，不要打破砂锅问到底，如果对方不愿意回答，或者不愿意多说。那就适可而止。比方说，你问对方住在哪里。对方回答说"在北京"或者说"在香港"，那么你就不宜再问下去。如果对方高兴让你知道，他一定会主动详细地说出来，而且还会说"欢迎光临"之类的话。否则，别人便是不想让你知道，你也就不必再问了。此外，在问其他类似的问题如年龄、收入等的时候，也要注意掌握问话尺度，要适可而止。

4.提问必须掌握最佳的时机

提问并不像逛大街、上自由市场那样随时都可以进行。有些提问时机掌握得好，发问的效果才佳。两个过去很要好的朋友都刚刚走上工作岗位，一个偶然的机会他们相遇了，互相询问："你们单位怎样？工作还顺利吧？谈恋爱了吗？"显得既亲热自然，又在情理当中。中国人见面打招呼都喜欢问一句"吃了吗？"如果这话用在吃饭时间前后，倒也无妨，但如果下午三点左右在公共汽车上遇到熟人也问这么一句，就难免让人感到有点莫名其妙。

让对方说"是"，是一种提问的艺术

大卫是一位推销电动机的推销员，一次他去拜访一家老客户的公司，准备说服他们再购买几台新式电动机。在去之前大卫和这家公司的工程师通过电话，了解到工程师昨天到车间去检查，用手摸了一下前不久大卫推销给他们的电动机，感到很烫手，便断定大卫卖给他们的电机质量太差。

当大卫刚踏进那家公司的门口，就遭到了对方工程师的拒绝，那名工程师说："大卫，你又来推销你那些破烂了！你不要做梦了，我们再也不会买你那些玩意儿了！"

大卫冷静地考虑了一下，心想如果与对方辩论电动机的质量，肯定于事无补。于是他便采取了另外一种思路，他对工程师说："好吧，我完全同意你的立场，假如电动机发热过高，别说买新的，就是已经买了的也得退货，你说是吗？"

"是的。"工程师回答说。

"你是知道的，任何电动机工作时都会有一定程度的发热，只是发热不应超过全国电工协会所规定的标准，你说是吗？"

"你说得对，是这样。"

"如果按国家技术标准，电动机的温度可比室内温度高出
42℃，是这样的吧？"

"是的。但是你们的电动机温度比这高出许多，昨天还差
点把我的手烫伤！"

"哦，是这样。那么请问你们车间里的温度是多少？"

"在24℃左右吧。"

"这就对了。车间是24℃，加上应有的42℃的升温，共计66℃
左右。那么一个人把手放进66℃的水里是不是会被烫伤？"

"嗯，好像是的。"

"这就对了啊，所以以后千万不要去摸电动机了。我们的
产品质量，你们完全可以放心，绝对没有问题。"

就这样，大卫凭借让对方说"是"，又做成了一笔买卖。

让对方说"是"，是一种说话的艺术，如果你学会了这种艺
术，你将终身获益。当一个人在说话时，如果一开始引导他来说
"是"，那么他已经在内心深处有了肯定的一面。这时候内心的
抵抗和戒备就会完全放松，这样交流起来的气氛就会融洽很多，
对方也容易放弃自己原来的偏见，转而同意你的意见。在这个案
例中，大卫从一开始就引导工程师回答"是"，从而抓住了问题
的主动权，使谈话的结果向着对自己更有利的方向去发展。到底
如何才能让对方说"是"呢？以下几点，值得借鉴。

1.把要说的话说对

卡耐基曾经说过，人是不可能被说服的，天下只有一种方

法可以让任何人去做任何事，那就是让他自己想去做这件事。而让他自己想去做这件事，唯一的方法是让他认为你说的是对的，让他认为他是在遵循对的东西才这样做。

比如说一个顾客拿着一件商品舍不得放下，这时销售人员就不应问顾客"喜不喜欢""想不想买"等这样给顾客选择性的提问。因为你问顾客"想不想买""喜不喜欢"时，顾客可能就会回答"不"。因此，在这个时候你一定要明白一点，顾客拿着的那件商品，一定是他喜欢的，所以你应该问："你一定很喜欢，是吧？"这时顾客肯定回答的是"是"。因为你说的是对的，他拿着那件商品舍不得放下，确实是他所喜欢的。

2.创造出让对方说"是"的氛围

奥佛斯屈教授在他的《影响人类的行为》一书中说："当一个人说'不'时，他所有的人格尊严都已经行动起来，要求把'不'坚持到底。事后他也许会觉得这个'不'说错了，但是他必须考虑到宝贵的自尊心而坚持说下去。因此，使对方采取肯定的态度，是一件特别重要的事。"由此可知，在和对方交谈的时候，要避免对方说"不"的气氛，一定要创造出让对方说"是"的气氛。比方说，你在和对方谈话的时候，应该把自己置于"是"这一情景之中，将对方可能采取的反对意见铭记于心，同时，还应牢记对方的观点。你还可以运用肢体语言，当你在问别人"是这样吧？""一定是吧？"等让对方回答"是"的问句后，你一定要先点头给对方营造一个说"是"的气氛。

有些问题不能直接问，不妨迂回发问

小于和老王是生意上的伙伴。小于给老王发了整整两车货。可是老王却因为资金有限，迟迟没有结款，这让小于压力很大，毕竟小于也是小本买卖。没有足够的资金流转，生意根本没法正常运营下去。

但是小于也不敢追太紧了，万一老王一发脾气，耍起赖，这笔账就有可能成为死帐。这是小于最怕的。所以既想要账，又怕得罪老王。

这天，小于来找老王，二人来到餐厅，点了一桌上好的酒席。二人一边吃，一边喝，称兄道弟论起了交情。席间，小于突然悲伤起来，这让老王摸不着头脑，在老王的再三询问下，小于一再哭穷，说自己的生意就要大亏本了，公司也要倒闭了。小于越说越伤心，最后哭了起来，他拉着老王的手说："王哥，你说我是不是天生就这命啊？"

小于说得越悲惨，老王越难受。他再也坐不住了。当晚就把货钱给小于结了。

有些问题，不方便直接问，就要迂回发问绕个弯。比如故事中，小于的一问，不是在问，而是在拷问老王的良心。如果小于说一大兜子好话，问老王："我的钱你什么时候结？"可能老王无论如何也不会立即给他钱的。而且这样直接问伤了两人的交情。所以，有些时候，有些问题绝对不能直接问，要采取迂回发问的形式，将你的问题传达给对方，而且让对方保住了足够的面子。这样才有益于问题的直接解决。那么，在迂回发问的时候，要注意哪些问题呢？

1.问的问题和急需解决的问题之间要有关联性

在采用迂回发问的时候，问的问题和急需解决的问题之间要有关联性。这样才能让被问者明白你的所指。否则，你问的问题跟急需解决的问题之间一点关联性也没有，问了也是白问，对方根本不知道你的意图所在。对方不明白你的意思，自然给你解决不了问题。所以，在采用迂回发问的时候，一定要找到两个问题之间的关联性。这样，才能达到你想要的效果。如果对方想给你解决，自然顺水推舟解决了你的问题。如果对方不想解决，也会找个理由搪塞。这样一来，双方也不会撕破脸皮。导致问题最终无法解决。所以，采用迂回发问的时候，一定要找到关联，不能盲目发问。

2.要选择一个合适的时间

在用迂回发问的时候，一定要找个合适的时间。比如对方闲的时候，或者是晚饭后。向对方表达你的意愿，一定要确定对方一定能听懂，并且有时间去听。否则就失去了意义。如果对方正在忙，你一个劲在旁边讲故事，对方自然不会搭理你。用迂回的方式来向对方提问的时候，要把握好时间。所以，在向对方提问的时候，要事先了解对方什么时候能听进去，什么时候能解决问题。这是迂回提问的关键所在。

3.要有个适当的铺垫

在用迂回的方式向对方提问的时候，要事先设置一个铺垫。比如，故事中，小于采用迂回的方式向老王要钱的时候，首先请对方喝酒，然后借着酒诉苦，把自己的苦衷通过生意的失败表达了出来。事实上，如果老王给了钱，生意自然不会失败了。所以，小于借着喝酒这个铺垫，将自己想要钱的想法成功传达给了老王。最终将问题成功解决了。所以，在向对方迂回发问的时候，也要找个合适的铺垫。有了这个铺垫，在迂回发问的时候就能巧妙通过铺垫的情景成功地传达给对方。

第六章

道歉公式：表达诚意，彰显涵养

主动道歉，表明你的态度

俗话说："智者千虑，必有一失。"一个人再聪明，再能干，也总有失败犯错误的时候。著名军事家孙子曾说："过也，人皆见之；更之，人皆仰之。"在日常生活中，我们都不可避免地会做错一些事情，但是，做错了事情并不可怕，只要能够及时认识到错误并改正错误，及时向对方诚恳地道歉，这样就会解开矛盾，平息笼罩在彼此之间的怨气。

当然，假如你发现自己错了，却不愿意道歉，甚至处处找借口为自己辩解，这样不仅得不到朋友的谅解，反而还会受到道德上的谴责。因此，我们不能小看了道歉的作用，而且，我们还需要学会有技巧地道歉，这样才能赢得对方的谅解。

从卡耐基家步行一分钟，就可以到达森林公园。因此，卡耐基常常带着一只叫雷斯的小猎狗到公园散步。因为他们在公园里很少碰到人，又因为这条狗友善而不伤人，所以卡耐基常常不替雷斯系狗链或戴口罩。

有一天，他们在公园遇见一位骑马的警察，警察严厉地说："你为什么让你的狗跑来跑去而不给它系上链子或戴上口罩？你难道不知道这是违法吗？""是的，我知道，"卡耐基低声地说，"不过，我认为它不至于在这儿咬人。""你不认为！你不认为！法律是不管你怎么认为的。它可能在这里咬死松鼠，或咬伤小孩，这次我不追究，假如下次再被我碰上，你就必须跟法官解释了。"警察再次提出了警告。

卡耐基照办了，可是，他的雷斯不喜欢戴口罩，他也不喜欢这样做。一天下午，他和雷斯正在一座小坡上赛跑，突然，他看见那位警察大人正骑在一匹棕色的马上。卡耐基想，这下栽了！他决定不等警察开口就先发制人。他说："先生，这下你当场逮到我了。我有罪。你上星期警告过我，若是再带小狗出来而不给它戴口罩，你就要罚我。""好说，好说，"警察回答的声调很柔和，"我知道没有人的时候，谁都忍不住要带这样一条小狗出来溜达。""的确忍不住，"卡耐基说道，"但这是违法的。""哦，你大概把事情看得太严重了，"警察说，"这样吧，你只要让它跑过小山，到我看不到的地方，事情就算了。"

在这个案例中，卡耐基使用了一个口才心理策略，那就是先发制人，率先批评自己，这使对方有一种被尊重的感觉。因为，当卡耐基一个劲儿地责备自己的时候，警察已经呈现出宽容的态度。如果我们免不了会受到责备，为什么不自己先认错呢？至少，谴责自己总比挨别人批评好受得多。当你清楚地知道对方准备责备你的时候，不妨先把对方责备你的话说出来，这样一来，对方一定会以宽大、谅解的态度来对待你。

1.道歉用语

诚恳的道歉需要适宜的道歉用语，比如"对不起""请原谅""很抱歉""请你转告王先生，就说我对不起他""对不起，是我的错""我错怪你了""不好意思，给你添麻烦了"。

2.把握道歉的最佳时机

当你发现自己说错了话或者做错了事情的时候，就需要及时地道歉，道歉是越及时越有效果，我们很难想象在几十年后才说"对不起"会发生什么事情。当然，道歉的最佳时机还应该选在双方都心平气和的时候，在对方情绪比较好的时候，他更容易接受你的道歉。

3.先批评自己

道歉并不是等对方的责备已经来了再道歉，这时候你已经激起了对方的怒火，因此，我们需要先发制人，率先批评自己，这样对方就不好意思再责备你了，而且，也会宽容地谅解你的错误言行。

4.巧借物传情

如果直接道歉不太适合，可以选择打个电话或写封致歉信，也可以请一位彼此信任的朋友或同事代为转达歉意。等对方心情平复之后，再登门致歉赔礼。

道歉是一种彰显涵养的好习惯

作为一个有涵养和有风度的人，我们要养成向别人道歉的习惯，学会道歉的语言，掌握说话的技巧，这样，在我们日后的人生旅程上，我们对道歉的重要性将会有更深的领悟和理解，也为自己今后的人际关系奠定坚实的基础。

人活在这世上，每天都要接触到很多的人与事，在柴米油盐的日常生活中，每天少不了磕磕碰碰。谁也避免不了被人伤害或伤害到别人，尽管有些伤害并不是有意的，但仍会成为我们生活中的矛盾，并随着双方脾气的增大而不断升级。其实，这些矛盾可大可小，一句诚恳的"对不起"，往往是缓解双方紧张情绪的最佳方法。

要学会道歉，让道歉成为一种习惯，以此来展现我们的风度。然而很多人对"道歉"十分介怀，他们不愿意道歉。似乎在中国的传统文化中，"道歉"就是"犯错"的同义词，好像一旦道歉，就意味着自己做错了什么。

父母在教育孩子时，总是语重心长地告诉他们："要做一个诚实、懂事的孩子，做错事情要主动道歉。"然而当父母打骂孩子，误会孩子时，却什么也不说，他们觉得那是他们教育孩子的方式，是在行使自己作为家长的权利。在工作中，如果发生领导向下属道歉的事，那会被认为是"某领导承认了错误"，而不是"领导为员工做出敢于道歉的榜样"，领导自己也会觉得无地自容。在这种环境中，没有人愿意主动道歉，人人都会想："我要道歉就说明我错了，所以我不能道歉。"

可是，我们在与人交往时，又怎么会没有磕磕碰碰呢？

家人、同事、邻里间的矛盾和冲突，总要有个人来承担。如果这时没有人站出来先道歉，那么后果就是大家的关系越来越冷漠，越来越疏远，甚至到最后反目成仇，特别是在家庭中，很多家庭纷争导致犯罪的罪犯在面对镜头时都会哭着后悔，如果再给他们一个机会，相信他们会先后退一步，毕竟只有最亲的人才会组成一个家庭，他们不是为了伤害对方才在一起，如果在矛盾发生时，他们能真诚地向对方表示歉意，那么悲剧往往也就不会发生。

温大姐从事婚姻辅导工作很多年了，在她的帮助下，很多即将离婚的夫妇都破镜重圆，再度找回了家庭的幸福。问道工作的窍门，温大姐神秘地说，她的秘诀就是三个字，"对不起"。每当有发生纠纷的夫妇到温大姐这儿来时，温大姐总是分开劝解他们，她私下对每对夫妇说的话都大致一样："我知道你受了不少委屈，但请你平心静气地告诉我，你有没有做错什么，你对自己做的事后悔吗？"无论对方多么不情愿，最后总会向温大姐承认自己是犯了些错。然后温大姐再把夫妇都叫来，让他们把刚才的话都再重复一遍。开始时尽管两个人依旧赌气谁也不理谁，但后悔的话一说出口，立马就打破了僵局，两人的感情又恢复如初。温大姐说，这一句"对不起"包含了许许多多的感情，有时就是这一句对不起，能让双方重新找回在一起的希望，所以愿天下有情人不要赌气，遇到矛盾都自我反省下，不要省下那一句"对不起"。

　　道歉不是"软弱""失败""犯错"的表现，在发生冲突时，我们总是习惯先指责对方，以此来为自己的失误开脱，这都是受了传统观念的影响。实际上，主动道歉并不是要我们"承认错误"，而是体现了我们对自己的行为负责。道歉的行为看似软弱，实际上它能在无形中提升我们的尊严，懂得道歉的人能意识到道歉对维持良好人际关系的重要作用。我们要养成向别人道歉的习惯，掌握好说话技巧。

　　有时，我们不愿意道歉是因为不敢主动承认自己的错误，害怕自己会难堪。主动向对方道歉，自己会很难受，同时做起来也并不容易，但是道歉并不只是认错。当我们勇敢地用道歉来承担责任时，你会惊奇地发现，你也会收到来自对方的歉意，人际冲突也就此解决，你们自然能重归于好。

　　人孰无过，我们可以反思下，自己是否曾无意间说过伤人的话，做过伤人的事，在你准备道歉前，内心是否良心不安，而坦诚的道歉赢得对方的原谅后，你是否感觉心里十分舒坦。真诚道歉的人会得到对方真正的原谅，当道歉成为你的习惯时，你就会得到所有人的接纳与支持，领悟到道歉的益处。

学会利用道歉来经营自己的人际关系

　　我们要学会道歉，学会利用道歉来经营自己的人际关系，有时，是非对错并不重要，重要的是我们的这一步后退，可以让对方感到自己被尊重，被重视。

古语说，"金无足赤，人无完人"，既然人无完人，那么谁又会一生都不犯错呢？做错事并不可怕，只要能及时主动地承认，对受到伤害的人诚恳地道歉，那么一定会得到对方的谅解和宽恕。如果我们不会道歉，发生矛盾时总是坚信自己是正确的，从不向对方道歉、低头，那么你将难以交到朋友，更缺乏知心的人。即使作为领导的你也一样，道歉不是一件会令你丢脸的事，反而会有利于维护自己的威信，有错就承认，并会主动道歉的领导比那些有错就推脱责任的领导人要更有威信，更深得下级的信赖和拥护。

我们要学会道歉，学会利用道歉来经营自己的人际关系，有时，是非对错并不重要，重要的是我们的这一步后退，可以让对方感到自己被尊重、被重视。有很多直爽的人一直视"心直口快"为自己的优点，即使有时因言语不当而产生矛盾，他们也认为是自己的性格使然，对方一定会谅解。殊不知，"口快"在某些场合只会得罪人，并不会给你带来直爽的好评。每个人都有自己的尊严，这关系到自己的地位，所以在任何时候，你不要图个痛快而出口伤人，要给对方留足面子。

职场中也是如此，很多人做事认真，一丝不苟，但在有些需要迂回和变通的地方不懂得用道歉来周转，因此没有给双方留下回旋的余地，很容易就得罪了周围的同事、朋友，使自己变得孤立。我们学会道歉，其实也就是学会如何灵活处世，只要不涉及原则的时候，都要自退一步，用自己的道歉来给对方留足面子，让对方感到自己被尊重，这样可以避免人际关系出现问题，也可以给自己留条后路。

道歉不是简单的一句"对不起"，我们要学会的，是真心的、真诚的道歉，只有这种道歉才能达到我们想要的效果。承认错误时我们要诚恳，不必推说客观原因、作过多的辩解。否则，会给人一种是在否定自己错误的感觉。这种道歉，不但不会修复双方的感情裂痕，反而会加深隔阂，得不偿失。

道歉最需要的是诚意，道歉的语言要简洁，语气要温和、坦诚但不谦卑，目光友好地凝视对方，并用如包涵、打扰、指教等礼貌词语。只要我们的基本态度已表明，对方已通情达理地表示谅解，就切忌啰唆、重复。否则，对方不能不怀疑你是在以小人之心度君子之腹，唯恐他不谅解。

有时为了经营自己的人际关系，即使不是我们的错误，我们也要学着道歉，这不是虚伪，而是大度、敢承担责任的表现。比如，有些客观原因，如气候变幻无常、意外的交通事故等，使我们无意失信，给对方带来一些麻烦、损失，本来我们也可以不道歉，因为毕竟不是因为自身的原因造成的，对方不好责怪你。但这时我们若主动提出歉意，就会有意外的效果，一来是有效排解了对方心中的郁闷，二来也体现出我们的识大体，对方也会增加对我们的好感。有时，对方为了帮助你做事而付出了艰难的劳动，但由于受到多方面条件的限制，事情没有做好，反而给自己带来了很多麻烦，这时我们怎么会没有内疚的感觉呢？若这时说几句发自肺腑的道歉的话，既体现了我们对他人劳动的尊重，也能表示我们对他人的重视。

还有一种情况，当对方不听我们的劝告，结果给自己带来了巨大的损失时，我们也要道歉。这时的道歉更多的作用是安慰对方，此时我们决不能急于批评对方的错误，更不能埋怨他不听你的劝告，而应先表示慰问，再加上歉意。以后，再利用适当的时机、场合，双方共同来总结经验教训。凡通情达理者，必然会对我们万分感激，并把我们当成可信赖的知心朋友。

主动表示的歉意，能较快消除对方可能有的戒心，加强彼此之间的理解、信任及合作。如果我们都能学会道歉，错了就及时承认，那么不必要的矛盾、纠纷就会大为减少，我们的人际关系也会更加和谐。

人际交往中的很多得与失都和我们的话语有很大的关系，我们要拿一颗真诚的心，用巧妙的语言为人处世，学会道歉更能体现我们的风度，让我们的路越走越宽。

掌握道歉的步骤，让对方感受到你的诚意

我们要按照道歉的步骤，利用好一些语句，帮助我们摆脱

困窘的处境，让对方真正感受到你道歉的诚心诚意，并恢复到最初友好的关系。

道歉对维持一个人良好的人际关系起着重要的作用，因此，作为一个刚刚立于世的年轻人，学会正确有效的道歉是毋庸置疑的。也许有人会说，道歉有什么好学的，不就是一句"对不起"吗？确实，"对不起"是我们日常生活中用的最多的一个词语，当你转身不小心撞到别人，或者忘记给朋友带约定好的图书时，这个词是很适用的。但是生活并不是如此的简单，当你遇到更复杂的情况时，一句"对不起"已经不能表达自己的诚意了。这时年轻人要按照道歉的步骤，利用好一些语句帮助自己摆脱困窘的处境，让对方真正感受到你道歉的诚心诚意，并恢复到最初友好的关系。

1.真诚地承担责任

道歉是一种承担责任的体现，而不是为自己开脱责任的伎俩，你不能把道歉当作一种用来骗取别人原谅的方法。事实上，你的过失并不在于所做的事情，而是在于对他人感情的伤害，也许在这场矛盾中，你伤害的是对方对你的信任，或者是对方的自尊。这时你必须要真诚地承担责任，承认自己的过失，如果你不是真心道歉，那么每一个人都能看出来。比如，一个重要的会议你迟到了，"对不起，我为没有尊重大家的宝贵时间感到抱歉"绝对要比"对不起，今天堵车了"的效果好，前一句道歉能让人感受到你发自内心的真诚，而后一句只是你为自己的错误开脱，人们会欣赏前者的大方得体，而不满于后者的不负责任。

2.不要找借口

当你向对方道歉时，就代表着你已经决定要承担这个责任，因此这时切不可再给自己找一些犯错的借口，这会让人感到你在辩解，没有道歉的诚意。即使有时你做错事是有一些误会或客观原因夹杂在其中，你也不要在道歉的时候解释。如果你一定要解释，那也要先诚心诚意承认自己错误的部分，并求得对方的谅解。

苏小姐的公司需要马上确认一项项目，而该项目报告在老板的办公室，老板目前却不在。时间越来越紧急，苏小姐只好到老板的办公室去找文件，正在她翻看文件时，老板推门而进，见此情景，有些不太高兴："我不是告诉你，我不在时不要动我的文件吗？"苏小姐马上道歉："我很抱歉翻看了您的文件，我以后绝对不会再做类似的事了，但是现在公司需要马上确认这个项目，请您在这个报告上签字。"老板一听，马上原谅了苏小姐，并表扬她以公事为重。

3.道歉要集中于自己的错误

诚恳的道歉是要让对方感到你已经反思了自己的错误，这时，你的道歉一定要集中于自己犯的错误，而不应该一边道歉一边抱怨对方，这样更像是在推卸责任。

安子是一家旅行社的导游小姐，有一次她在带团时遗漏了一个细节，就是忘记带公司分配的医药包。可是这次旅游团里有个游客晕车很严重，不停呕吐，他知道旅游公司一定会给导游一些晕车药来以防万一，因此他管安子要一些药。安子没有准备医药包，按理说这是安子的工作失误，因此她要对这个游客道歉，可是安子的说法却让游客很不满。"我很抱歉啊，我没有带医药包来，我没想到你晕车晕得这么厉害。"游客听完十分生气，要到旅游协会去投诉安子和安子的公司，安子反而觉得十分委屈，她说："我已经道歉了啊，为什么游客不能理解我一下呢？我的工作也很忙啊！"

　　直到最后，安子都不明白为什么自己的道歉起不到效果，其实是因为她在道歉时，没有集中于自己的错误，而是不知不觉地把责任推给了游客，如果她换一种说法来道歉，可能效果就会大不同了。"对不起，因为我的工作失误，我把医药包忘在旅馆了，请你坚持一下，我们马上就到目的地了，在那里我们公司的同事已经给您准备好了药，非常抱歉，让您现在这么不舒服。"

　　4.尽力去补救

　　当然，你在道歉时，最主要的是为自己的错误买单，然而有些错误是不难补救的，这时，你就要尽全力去弥补，同时还要向对方确保自己绝不会再犯同样的错误，有时这样也会让对方更快原谅你。

　　在补救时，你要从自己力所能及的事情上开始做，"我很抱歉，因为我的失误让公司承受损失，我已经重新修改了报告，不会再出现错误了，而且我已经想到了一个补救计划来挽回损失，请你批准。"

以上是道歉的四个基本步骤，一旦你能掌握这些原则，就能在道歉时有效降低对方的怒气，获得对方的谅解。当然，有些人是很难交流的，即使是最真诚的道歉他们可能也不会接受，这种情况下事情已经无法挽回了，但并不是说你就可以不用道歉。世上没有后悔药，你能做的，就是真诚地去道歉，努力去弥补自己的过错。

学会利用不同的道歉方法来表达自己真诚的歉意

道歉是一种艺术，它是我们为人处世的一个方面，灵活利用道歉的方法能帮助我们改善并增进与朋友的友谊，甚至可以化敌为友。

道歉在我们的人际关系中起着重要的作用，它能体现我们的大度，同时让人们看到我们的谦恭、懂礼。道歉不是只有一句简单的"对不起"，在不同的场合，我们要学会利用不同的道歉方法来表达自己真诚的歉意，这会让我们的人生充满阳光。

1.陈述自己做错事的原因

当错误已经酿成的时候，我们首先要坦率地向对方承认错误，真诚道歉，使对方的怒气渐渐平息下来。然后再从主客观方面出发，向对方分析自己做错事的原因，述说自己的难处，在一般情况下，对方都会理解我们的苦衷，原谅我们。

2.夸大自己的错来求得原谅

有时我们在道歉时，对方会不理会，面对这种尴尬的局面，我们最好能用一些轻松的方法让对方放下架子，比如不断夸大自己的过错。当你这样做时，一是意味着我们了解自己的错误，并且愿意去承担责任，二是希望得到对方的谅解。有时你越夸大自己的过错，夸大到夸张的地步时，对方往往会忍不住笑出来，这时也就代表对方原谅了你。

3.用书面的方式道歉

有时在道歉时，口头上的"对不起"并不能体现我们的诚意，而当道歉的话语落到文字上时，会给人一种很正式的感觉，相比之下会更有分量。我们可以给对方写一封措辞委婉的道歉信，意思简单明了即可，不要掺杂太多的个人情绪。这种方法既能显示出你的真诚，还可以免去双方见面的尴尬场面，是一个好方法。

4.请别人代替你道歉

在某些特殊场合中，我们不方便公开道歉时，可以求助于第三者的帮助。这个方法一是可以避免尴尬，二是第三者可以代我们求情，对方碍于他人的面子，可能就不再追究。

5.让对方发泄不满

这种方法有些过激，但有时效果确实不错。当对方无论如何都不肯原谅你时，你也没必要不停地跟他说对不起，索性让对方痛痛快快地大骂一场，把心中的不满和怒气都发泄出来。否则不满的情绪一直堆压在心中，没有发泄渠道的话，我们永远都不会取得对方的原谅。

6.采取补偿行动

邀请对方吃个饭，在饭局上向对方道歉也不失为一种好办法，俗话说，吃人嘴软。当对方答应我们的邀请时，隔阂似乎也就不那么深了，必要的时候，我们也可以用这种方法。

7.赞美对方心胸广阔

人都是喜欢听赞美的话的，如果你想让对方原谅你粗心大意犯下的过错，就要嘴甜些。除了一些必要的恭维话，还要不停赞美对方的心胸广阔，当对方陶醉在良好的自我感觉中时，我们再恭敬地向他道歉。大多数人仍会陶醉在你的赞美中，用自己"宽大的胸怀"原谅你。

8.站在对方的角度分析利弊

有时对方在盛怒之下不会轻易接受我们的道歉，这时我们要先让对方冷静下来，然后站在对方的角度帮助他分析利弊，这样对方会感到你是真诚的，也有利于对方接受你的道歉。

有一次，一位商人到工商局投诉，投诉一名工商管理员无故对他的店罚款，罚款的理由是"证件不齐"。然而事实是工商管理员搞错了，这家店的手续十分齐全，于是这名愤怒的商人来投诉，同时扬言要把这件事捅到媒体那里去，让舆论来评评理。工商局长刘女士在处理这个问题时十分冷静，她先让那个管理员对这位商人道歉，然后谈了谈自己的想法。"其实，你通过媒体曝光，除了使他失业外，还能得到什么呢？倒不如我们在内给他处罚，你自己也可以得到一定的补偿。得饶人处且饶人，也显得你有度量。"商人听罢也想：既然别人已经道歉了，再逼就未免有点过分。于是同意了刘女士的处理方法，接受了道歉。

　　9.利用小物品传递歉意

　　有时，我们要巧借外物表达自己的歉意。如果你觉得道歉的话说不出口，可以用别的方式。比如送对方一束鲜花，附上一张写着道歉话语的卡片；或者把一件小礼物放在对方的桌子上，象征你的歉意。

　　刘维不小心伤害了同学梅梅，她感到很内疚，但一直没有找到道歉的机会。于是，在梅梅生日那天，她到学校广播站为梅梅点了首歌，并留言说："梅梅，对不起，我真的不是故意的，你能原谅上周末惹你生气的朋友吗？今天是你的生日，我祝你生日快乐！"梅梅听到广播后很感动，两人和好如初。

　　道歉是一种艺术，它是我们为人处世的一个方面，灵活利用道歉的方法能帮助我们改善并增进与朋友的友谊，甚至可以化敌为友。道歉不但不会令我们尊严扫地，还会让人感觉我们有修养、有胸怀。

道歉要简洁明快，不可语言啰嗦

　　在我们的日常生活中，有这样一种人，他们总是漫不经心地做事，讲起话来十分啰嗦，让人听不出他们到底想表达什么意思。有时候他们想向对方表达自己道歉的意愿，但却目的不明，不知从何说起，因此说了一堆与道歉无关的话，让对方更加心烦。这种人不知道在跟人道歉时要如何应对，因此即使他们心地善良，没有恶意，但还是不能得到对方的谅解。

　　在道歉时，啰嗦的说话方式是不可取的，它会让对方神经紧张，心情厌烦，内心的厌恶更深一层。我们道歉的本意是就某件事请求对方的原谅，而啰嗦一番之后，我们只是浪费了别人的时间，丝毫没有取得道歉的效果。

　　我们要明确地向对方表达歉意，首先就要清楚自己为了什么道歉，明确自己道歉的目的，这样一来，道歉时我们就能简洁明快些，知道自己要说什么话了。明确说话的目的，是取得道歉成功的首要条件，目的明确的谈话、社交往往能够取得良好的效果。我们在平常的生活和人际交往中，失言是不可避免的，失言的原因是多方面的，但其中最根本的原因，往往是因为我们缺乏清醒的目的意识。只有明确了道歉的目的，我们才知道应准备什么话题和资料，若目的不明，不顾场合地信口开河、东拉西扯，对方就会不知所云、无所适从，这样的道歉往往达不到预期的目的。还会使对方产生厌烦感。

明确之后，我们就要采取道歉的行动，在道歉的过程中，我们除了要表现自己的真诚，还要注意以下几点。

1.用心听对方说的话

有时候，倾听比说话还要重要，在接受我们的道歉后，对方若心有不满，少不了会抱怨几句，因此我们一定要认真听对方发泄怒火，并不时地认错，万不可心不在焉。如果对方正在抱怨，我们却摆出一副觉得很无趣的表情，那么对方是不可能原谅我们的。

2.细心观察对方的反应

在道歉的同时，我们还要细心观察对方的表情，不要以为只要表达了歉意就算完成了任务。要知道，我们道歉的真正目的是要对方真的原谅你，而不是嘴皮上走的过场。当我们道歉后，若对方一脸漠然，不停地打哈欠，那说明他没有接受我们的道歉，因此我们要赶快转换语言和话题，换一种方式道歉。

3.清楚明白地表达自己的歉意

没有条理的道歉是最不能让人接受的，它会让对方认为我们思想混乱、十分敷衍，感受不到我们道歉的诚意，这种程度的道歉没有人会愿意接受，因此我们要梳理好自己的思路，用简洁的语言表达自己的歉意。

4.利用朴实的语言表达歉意

我们道歉的话语要生动、有说服力，因此朴实通俗的词语最有效。语言的作用是帮助人交流，实现沟通的效果，而那些词藻华丽的道歉，让人很难接受，因为多数人并不喜欢繁冗复杂的词藻，他们更喜欢我们能用简洁、朴实的语言来道歉。

大量运用华而不实的语言堆砌起来的道歉话语，会让人有种我们在卖弄、浮夸的感觉，甚至会让人感到我们虚假、不真诚。然而在我们道歉的过程中，真诚才是唯一的准则，一旦让人感到我们缺乏诚意，那我们的道歉就很难让人接受。

我们不要认为朴实的语言是贫乏、呆板的。其实道歉的话语越平实，反而会有种生动和亲切的感觉，才会更贴近生活，更容易让人接受，仅仅凭借语言的繁缛、华丽、咬文嚼字是不能达到这样的效果的。

第七章

破冰公式：化解僵局，打破冷场

言语失误，如何救场

俗话说："人有失足，马有漏蹄。"在现实生活中，总会出现话语失误的现象，这是不可避免的。虽然，其中的原因是各不相同的，但话语失误所造成的后果却是极为相似的，或贻笑大方，或纠纷四起，甚至难以挽回。尤其是在当众说话的时候，假如你无心造成了言语失误，那可是相当尴尬的，因为有那么多人亲耳听到，你还能怎么办呢？说出去的话就犹如泼出去的水，覆水难收。但有时我们还是可以挽回场面的，这就需要敏捷的思维能力了，也就是看脑子转得快不快了。失言是一种话语表达的错误，只要你能及时找到挽救的方法来进行补救，就在某种程度上能降低失言带来的严重后果。

司马昭与阮籍正在上早朝，忽然有侍者前来报告："有人杀死了自己的母亲！"放荡不羁的阮籍不假思索便说："杀父亲也就罢了，怎么能杀母亲呢？"此言一出，满朝文武大哗，认为他"有悖孝道"。阮籍也意识到自己言语的失误，忙解释说："我的意思是说，禽兽才知其母而不知其父。杀父就如同杀禽兽一般，杀母呢？就连禽兽也不如了。"一席话，竟使众人无可辩驳，而阮籍也避免了杀身之祸。

当庭言语失误，这是何等的严重，稍有甚者就会惹来杀身之祸。不过阮籍是何等机智与聪明，他凭借着敏捷的思维及时补救了自己的言语失误，借题发挥，巧妙而幽默地平息了众人的怒气。在当众说话的场合中，失言后首先要做的就是采取一定的补救措施或矫正之术，去缓解言语失误带来的尴尬情形，否则你只会被听众所厌恶。

有一次，纪晓岚光着膀子与几人在军机处聊天，正巧乾隆带着几个随从突然到访，其他人一见皇帝来了，连忙上前接驾，躲在后面的纪晓岚心想：如果自己就这样光着膀子接驾，岂不是犯下亵渎万岁之罪？可能皇帝并没有发现自己，还是先躲一下为好。于是，急忙之下，纪晓岚钻到了桌子底下藏了起来，其实这一举动被乾隆看在眼里，他故意装作没看见，却在椅子上坐了下来。

纪晓岚在桌子底下缩成一团，大汗淋漓，却不敢出声，过去了很长时间，他没听见乾隆说话的声音，以为他走了，就问身边的同僚："老头子走了没有？"这话被乾隆听见了，他厉声问道："纪晓岚，你见驾不接，我且不怪罪于你，你叫我'老头子'是什么意思？你要一个字、一个字地给我说清楚，否则，别怪我无情！"纪晓岚吓得半死，连称："死罪！死罪！"接着，慢慢解释道："万岁不要动怒，奴才之所以称您为'老头子'，的确是出于对您的尊敬。先说'老'字，'万寿无疆'称'老'，我主是当今有道明君，天下臣民皆呼'万岁'，故此称您为'老'。"

　　乾隆听了点点头，纪晓岚继续说道："'顶天立地'称为'头'，我主是当今伟大人物，是天下万民之首，'首'者，'头'也。故此称您为'头'。至于'子'字嘛，意义更明显。我主乃紫微星下界，紫微星，天之子也，因此天下臣民都称您为天'子'。"乾隆听了，笑了，这事就这样过去了。

　　当着那么多的人对皇帝失言，那可是严重的事情，弄不好自己脑袋就要搬家了。但思维敏捷的纪晓岚却异常冷静，慢慢解释，补救自己的失言，在回答皇上的过程中，他言语诚恳，态度谦逊，语言幽默风趣，以灵敏的应变能力巧妙地化解了话语失误带来的难堪，也受到了乾隆皇帝的肯定。

　　那对于说话过程中的言语失当，该如何应付呢？

　　1.寻找挽救的办法

　　言语失误了也可以挽救，你依然能够用语言来进行弥补，当然这是需要灵敏的思维及绝妙的技巧的。只要你懂得随机应变，就能够弥补自己言语失误的过错，比如将错话加在他人头上"这是某些人的观点，我认为正确的说法应该是……"。又或者将错就错，干脆重复肯定，然后巧妙地改变错话的含义，将本来的错误变成正确的说法。

　　2.诚恳道歉

　　如果是自己的无心造成了言语上的失误，形成了尴尬的局面，那我们应该诚恳地向听众道歉，以一份坦率的胸襟来面对自己的失误，以诚恳的态度赢得听众的认可。

在当众说话的场合中，一旦自己言语失误了，即便你尚未找到任何解决的办法，但只要能主动承认自己的失误，并向在场的听众说声"对不起"，也定能赢得听众的喝彩声。反之，有的人言语失误了非但不觉得羞愧，反而说得更起劲，这样的人就只能让听众生厌了。

遭遇冷场，如何巧言化解

冷场是人在日常交际时，由于话题不合或反应不够快而短暂出现的无人答话的尴尬场面。无论与同事、亲人还是爱人，谈话时出现冷场都是让人很窘迫的。我们要想摆脱这种低气压的冷场状态，就要多学习几种打破冷场的小技巧，这些技巧一方面能帮助我们缓解尴尬的场面，另一方面也能让谈话顺利切换到更合适的话题中，重新让谈话气氛活跃起来。

当我们在日常交际时，最希望的就是与他人相谈甚欢，让双方的关系从不熟悉慢慢发展到熟络，但是如果谈话中有一方不善表达，或者没有谈话的欲望，那么冷场就会不可避免地出现。出现冷场的原因无外乎这几种：初次见面，双方不熟悉；年龄差异大，爱好不同；性格不同，做事风格不同；双方都不善言谈，不知如何开口；双方有矛盾，感情不和；双方的谈话内容有利益的冲突；熟识的人因长期未见而感觉有些疏远。

　　我们在与人交谈时，尴尬的冷场就是一个交谈失败的征兆，我们在谈话时，一定要提前做好准备，预防冷场的出现。比如参加多人谈话，我们要精心挑选对象，不但要考虑他们的性格和是否有必要出席，还要考虑他们是否会积极发言，以免光听不答，让气氛很尴尬。

　　避免冷场是谈话双方共同追求的，但万一出现冷场时，我们可以用一些方法打破冷场。

　　1.使用一些小技巧

　　技巧一，转移大家的注意力，向他们介绍一些新的事物；技巧二，提出新的话题，让多数人都对它产生兴趣，并愿意发表自己的看法；技巧三，故意制造一个话题的争端，引起两方人的争论；技巧四，开个玩笑，做个小游戏，帮大家放松下紧张的心情。

　　2.寻找对方有兴趣的话题

　　话题是我们在谈话时最重要的内容，有些无趣的话题让人根本没有附和的兴致，因此才会导致冷场。为了避免冷场的尴尬，我们要准备些"库存"的话题，而且这些话题都是能引起对方兴趣的，这样才能在冷场时产生"救急"的效果。

　　一般来说，人对自己更关心，所以有时多问问对方的情况可以很快找到打开对方心扉的突破口，以下这些话题都能让对方十分乐意与你开始交谈。

　　如果对方有孩子，问问她（他）孩子的事情，孩子永远是自己的好，提到自己的宝宝，谁都会有说不完的话。

　　问问对方的爱好，一股人都会很乐意和别人分享自己的乐趣，这也是加深双方感情的小技巧。

　　问问对方生活的地方是什么样子，有什么特色，很多人都对自己生活的地方有很深的感情，可能话不会多，但一定充满了感情。在回味时，对方就会放下心防，和你愉悦地谈论起来，冷场的局面不攻自破。

　　如果对方的年龄比你大很多，那么就多问问他们的情况，一旦打开他们的话匣子，他们的话题就会从市政改革、风俗变迁一直谈到自己子孙的近况，你一点都不用担心会冷场。

　　总的来说，不同的人有不同的内心感观，冷场往往出现在他们不感兴趣的话题上，比如文字工作者不喜欢别人对自己的作品议论纷纷，企业名人不喜欢在休息时还被人问工作的事，事业失败的人不喜欢老被问为何事业没有起步等。因此破除冷场时选择的话题，必须是对方感兴趣并经历过的内容，关心、体贴、热情的态度也是让人肯多开口说话的"武器"，温和的笑容会让不发一言的对方感到温暖，"冷场"的寒冷气氛也会被一扫而空。想改变冷场的人们要记住以上几个小技巧，让话题、气氛、态度成为你破除冷场的小法宝。

遭遇冷嘲热讽，顺势为自己解围

在当众说话过程中，有时候我们会遇到听众的挑刺或者故意刁难，这时不可避免地会使自己陷入困境中。在这样的情况下，我们该如何扭转乾坤，让那些故意刁难者知难而退呢？其实，这也需要一定的思维能力，快速地想到扭转局势的办法，否则如果你只是傻傻地在那里站着，那只会让那些故意为难你的更得意，同时，也会让所有的听众看笑话。当然，需要一定的方法及技巧，才能巧妙地化解尴尬，为自己解围。

美国曾有个政界要人叫凯升，20世纪40年代他首次在众议院里发表演讲时，打扮得土里土气，因为他刚从西部乡间赶来。

一个善于挖苦讽刺的议员，在他演讲时插嘴说："这个伊利诺伊州来的人，口袋里一定装满了麦子吧？"这句话引起哄堂大笑。

凯升并没有因此怯场，他很坦然地回答说："是的，我不仅口袋里装满了麦子，而且头发里还藏着许多菜籽儿呢。我们住在西部的人，多数是土里土气的。不过我们虽然藏的是麦子和菜籽儿，却能够长出很好的苗来！"

这句话立刻使凯升的大名传遍全国，大家给他一个外号："伊利诺伊州的菜籽儿议员。"这位菜籽儿议员采用的正是顺势牵引法。他深知顺势的道理，把对方的冷嘲热讽当作可以利用的交通工具，顺路搭车，一路顺风地抵达了自己的目的地。

　　一位美国记者在采访周总理的过程中，无意中看到总理桌子上有一支美国产的派克钢笔。那记者便以带有几分讥讽的口吻问道："请问总理阁下，你们堂堂的中国人，为什么还要用我们美国产的钢笔呢？"周总理听后，风趣地说："谈起这支钢笔，说来话长，这是一位朝鲜朋友的抗美战利品，作为礼物赠送给我的。我无功受禄，就拒收。朝鲜朋友说，留下做个纪念吧。我觉得有意义，就留下了这支贵国的钢笔。"美国记者一听，顿时哑口无言。

　　美国记者的本意是想趁此机会挖苦周总理：你们中国人怎么连好一点的钢笔都不能生产，还需要从我们美国进口。并且，他很想从周总理的回答中找出"破绽"。但是，面对这样犀利的问题，随机应变的周总理却回答得滴水不漏，"朝鲜战场的战利品"，这样的回答不但没有让记者抓住"把柄"，反而使记者颜面丢尽。

　　那么，在具体的说话场合中，我们该如何利用思维能力来替自己解围呢？

　　1.顺势牵引

　　顺势牵引法的特色是不作正面抗衡，而是在迂回的交谈中，顺着对方的话说下去，借力胜敌，从而成功达到自己的目的。有时说话者在面对对方不怀好意的提问时，不要针锋相对，也不要给予他正面回答，而是巧妙采用迂回的战术，顺着对方的话说下去，把对方的讽刺挖苦当做可以利用的工具。顺势牵引，然后再找出反驳的话语来，打消对方的气焰，使自己摆脱困境。

2.灵活应付

听众中难免有恶意的刁难者，他们会在说话过程中故意提出一些带歧视、轻视、敌视性的问题。对待这些刁难者，说话者不能像对待善意的质疑者那样，而是应该不客气地给予回击。但是这样的回击要很讲究技巧性，不能直接回击，而是需要灵活采用顺水推舟的方法。比如，你会面对一些刁难者的恶意提问，如果你不顺水推舟把问题巧妙地回答了，他就有可能提出更尖锐的问题。

3.避实就虚

有时候你不需要正面去回答那些故意刁难的问题，你可以避开要害问题，谈论一些无关紧要的话题，转移人们的注意力。

4.欲扬先抑

有时候，听众会提出一些很刁钻的问题，可能你的回答会恰好地中了他的圈套，这时你不妨先承认他的观点，然后再巧妙地提出你的观点使他接受。

在实际沟通中，如果你遭受到了听众恶意的顶撞、攻击、讽刺挖苦或者出言不逊时，不需要以牙还牙、针锋相对，这样会让局面发展到更加不可收拾的地步。而是需要将对方的讥讽之词当作前提，作为铺垫，作为条件，顺势表达出自己内心的看法。

迂回策略，三言两语打破僵局

在日常交际中，人们常常因固执己见而争论不休，因为一句不适当的话而冷场，或者因为突发状况而形成难堪情境，等等，各种原因都会造成僵持的局面，难以缓和的气氛横亘在交流双方之间，整个场面就如同冰山一般冷掉了。这时候，作为当事人或者局外人，需要适时地说几句话来打破僵局，化解尴尬的气氛，使交流得以正常地进行下去。

有一次小娜和几个同事一起去参加省里的业务考试，当她们走进考场时，只见阿梅的桌子上钉有三颗大钉子，且凸出很高。不难想象，这不仅会刮衣服，同时也会影响答题的速度。阿梅一脸怒气地要求监考老师换桌子，可监考老师说："现在不能换，别违反考场纪律！"阿梅气得柳眉倒竖，连说："真倒霉，不考了。"小娜见了连忙说："有几颗钉子算什么！"阿梅说："你说得轻松，这可是三颗钉子，躲都躲不过去呢！"小娜说："你太幸运了，我还求之不得呢！"阿梅说："你别拿我开心了，这么倒霉的事要让你碰上，你还能说幸运？"小娜说："你知道这三颗钉子说明了什么吗？这叫板上钉钉！说明你今天的三科考试铁定都能过关。"阿梅听后马上转怒为喜："借你吉言，我要是三科都及格了就请你吃饭。"结果一个月后发布成绩，阿梅果然三科都顺利过关。

本来桌子上有三颗大钉子就是令人生气的，更何况还需要坐在这里考试？这时候，小娜为了打破僵局，在阿梅气恼成怒的时候，将"板上钉钉"的俗语与考试联系了起来，积极联想，冒出吉言"三科铁定都能过关"，这话正好说到了阿梅的心里。于是，僵化的气氛化解了，阿梅在小娜的吉言下获得了好成绩。

20世纪50年代一次中国的国宴中，外宾见到一盘肉汤菜中的笋片的样子是法西斯纳粹标志的形状，感到迷惑不解，于是询问周总理。周总理一看，发现是民族图案"万"翻滚后形成的，便解释说："这不是法西斯标志，是中国传统图案，叫'万'字，象征福寿绵长，是对客人的良好祝愿！"接着他又风趣地说："就算是法西斯标志也没有关系嘛！我们大家一齐来消灭法西斯，把它吃掉！"听了这机智巧妙的解说，宾主哈哈大笑，气氛更加友好热烈，这道汤菜很快被吃了个精光。

由于中国传统图案"万"字符与法西斯的标志相似，造成了尴尬的局面，在外事交际活动中，出现这样的事情当然令宾主都很不悦。这时候，随机应变的周总理将严肃问题诙谐化，解释了"万"字符，而且还号召大家吃掉"法西斯"，简单的几句话打破了僵局，也令僵化的气氛活跃起来。

在日常交际中，如何利用三言两语打破僵局呢？

1.幽默解说

在交际场合，过于严肃和枯燥的气氛往往不被人们所接受，这时候就需要用幽默的语言把它变得灵活些、有趣些。有时候，一个敏感的问题就使整个场面僵掉了，甚至妨碍了正常交际的进行，这时候就可以通过幽默的解说将问题诙谐化，打破僵局，使交际得以顺利进行。

2.强调问题的合理性

有时候对方可能是因为在特定的场合作出了不合时宜、不合情理的举动，这令旁人看起来很费解，导致了整个局面的僵持，这时候我们就需要自己找一个角度或借口，强调对方行为的合理性，这样就能打破僵局，缓解气氛。

3.利用谐音巧解

有一个火车司机的车牌号码是"16444"，亲戚朋友都说这个数字不吉利，车主一下子无言以对，这时候，有人却说"大爷，你这个号码好，它们可以理解为'多拉发发发'，只要你多拉货，就一定能发财"，利用谐音巧解，打破了僵持的局面。

4.逆向思维

面对突如其来的尴尬局面，当事人无可奈何的时候，我们可以跳出固定思维，从问题、事情的反面去思考，做出让双方都满意的解释，打破本来僵持的局面。

其实，生活中难免发生一些猝不及防的意外事情，这会让当事人遭遇尴尬或不快，甚至引发不必要的麻烦，轻则令人恼心，重则在心里结下疙瘩。在这时候，如果利用突发事件与语言之间的玄妙之处进行机智的解答，就会使当事人转忧为喜，也会使整个紧张气氛得以缓解。峰回路转，只需要三言两句就打破了僵局，通过语言影响他人心理，为大家营造愉快的气氛。

说话，切忌提及对方的忌讳

说话，是我们天天都在做的事情，但善于说话，能准确、清楚地表达自己的意图，使对方乐意接受，却是一件不太容易的事情。心理学家理查得·班得勒说过，当你对他人说话时，你不是想给他传递信息，就是想改变他。但在这过程中，对方是否会接受你的意思，你的沟通目的是否能够实现，却又是另外一回事了。其中的症结点在于你是否说了避讳的语言，或者把话题置于危险的境地，这将会影响你沟通的成与败。许多人说话不经过大脑思考，只图嘴巴痛快，常常"语出惊人"，踏入"雷区"，最后导致了整个沟通的失败。

沟通是双向的交流，它的成败不取决于你说了什么，而是取决于对方的反应，对方不接受你所说的话，那你说得再多也没用。所以，为了让对方乐意接受，我们在说话时需要避开险境，把"危险语"吞进肚子里，这样才能有效地影响他人心理。

古代有这么一个国王，一天晚上做了梦，满嘴的牙都掉了。这个时候，他就找了两位解梦的人。这两人一来，国王就说："满口牙怎么全掉了，到底是怎么一说？"第一个破解梦的人就说："皇上，在你所有的亲属都死去以后，你才能死，一个都不剩。"。这皇上一听，心里非常不高兴。第二个解梦人这样说："至高无上的皇上，您将是您所有亲属当中最长寿的一位呀！"同样的内容，同样的事情，两个人有两种不同的说法。第一个把皇帝说生气了，皇帝龙颜大怒，杖他一百棍，然后，拿出一百个金币，奖给第二位破解梦的人。

上面这个案例中，同样的一件事情，两人表达的同一个意思，为什么一个挨打，一个却受赏呢？分析他们所说的内容，我们就可以明白了。在沟通过程中，往往因为一两个"危险词语"而使整个话题都处于危险的境地，第一个破解梦的人话里出现了"死"这样的危险字眼，而且还不止出现一次；第二个破解梦的人却从另外一个角度巧妙地解释为"长寿"。于是，两人话里的字眼不同，最终两人的待遇也千差万别。

公元1368年，朱元璋登基，建立明朝。一天，一位穷朋友从乡下来到京城皇宫门前求见明太祖。朱元璋听说是以前的老朋友，非常高兴，马上传他进殿。谁知这位穷朋友一见朱元璋端坐在宝座上，昔日的容颜似乎没有多大变化，便忘乎所以地说："我主万岁！您还记得我吗？从前你我都替人家放牛，有一天我们在芦花荡里把偷来的豆子放在瓦罐里清煮。还没等煮熟，大家就抢着吃，甚至把罐子都打破了，撒了一地的豆子，汤也都泼在泥地上。你只顾满地抓豆子吃，不小心连红草叶子也送进嘴里，叶子哽在喉咙里，苦得你哭笑不得，还是我出的主意，叫你用青菜叶子吞下去，才把红草叶子带下肚里去……"还没等说完，朱元璋早就听得不耐烦了，嫌这个孩提时的朋友太不顾体面，于是大怒道："推出去斩了！推出去斩了！"

后来，这件事让另外一个穷朋友知道了，心想这个老兄也太莽撞了，于是，他心生一计，信心十足地去见他小时候的朋友，当今的皇帝。这个穷朋友来到京城求见朱元璋。行过大礼，这个人便说："我皇万岁万万岁！当年微臣随驾扫荡沪州府，打破罐州城，汤元帅在逃，拿住了豆将军，红孩儿挡关，多亏了菜将军。"朱元璋一听，不禁大笑，他认出了眼前的这个是孩提时的朋友，心中更为此人巧妙地暗示他们小时候在一起玩耍的事而高兴，于是让他做了御林军总管，留在了自己的身边。

同是儿时朋友，所受到的待遇却是迥然不同。前者说话太莽撞，把朱元璋儿时的糗事一股脑儿说出来，这时已身为明太祖的朱元璋怎么能受这样的戏谑，最终那位穷朋友非但没有讨到好处，反而赔上了自己的性命；而后者只是简单地聊了儿时的趣事，其中还包含了对朱元璋的敬仰，最后他做了御林大将军。

1.避开隐私

隐私就是不可公开或不必公开的某些事情，有可能是缺陷，有可能是秘密。因此，我们在进行语言交流的过程中，需要避开彼此的隐私，这既是一种礼貌，同时，也可以很好地保护话语的"安全性"。

2.切勿不懂装懂

我们并不是万能博士或者百事通，即使自己知识渊博，但总有一些地方不如人，总有不懂得的一些知识。因此，无论是面对有教养有知识的人，还是面对一个默默无闻的人，我们都应该谦虚谨慎，不可妄发言论。

3.避开忌讳

在谈话过程中，我们需要避开一些忌讳，比如关于"死"的避讳语，"棺材""寿材"等；对方的生理缺陷，比如"残疾人"；对一些不可公开的事物、行为，比如"大小便"等，这些避讳词语都是需要避开的。

4.避开粗言秽语

在交流过程中，我们需要避开粗言秽语，使用文明的语言。言语粗鄙是最无礼的，而且，有可能会为自己带来一些不必要的麻烦。

其实，善于说话并不是一件很简单的事情，那将意味着你所说的话能够令对方乐意接受，而且，你的话语能够巧妙绕过险境，直入对方心里，继而影响对方心理。在日常交际中，有一些话题是沟通的"雷区"，稍有不慎就会粉身碎骨，所以，我们应该尽可能地避开这些危险区，避开一些敏感、危险的词汇，这样才能促使沟通顺利进行。

第八章

拒绝公式：装装糊涂，优雅说不

给对方戴戴高帽子，将拒绝委婉说出口

生活中，每个人都是凡人，没有人是无所不能的，也不可能有人面面俱到。因而在面对生活中很多难以解决的难题时，大多数人在自知能力不足时，都会想方设法从外界或者他人那里寻求帮助，这是人之常情。我们不但经常面临窘境，需要他人帮忙，也常常会被他人求助。那么，作为求助者，我们总是希望他人能够慷慨地向我们伸出援手，但是作为被求助者，假如我们心有余而力不足，或者因为各种原因无法帮助他人时，我们又该怎样拒绝呢？

毫无疑问，大多数人都觉得张口求人很难，实际上拒绝他人是更难的。因为张口求人至少我们还掌握着主动权，我们可以决定自己是否求助于他人，也可以决定自己是否能想方设法以一己之力渡过难关，但是面对他人突然的求助，因为事发突然，所以我们是毫无防备的，因而我们必须具备随机应变的能力，才能委婉拒绝他人，既不至于让自己为难，也不至于让别人难堪。

尤其是那些人缘好的人，或者是不懂得拒绝的滥好人，他们在面对他人的求助时，总是觉得有些手足无措。他们心地善良，觉得帮助别人是自己的分内之事，他们从来不会说

"不"，这也导致他们虽然付出了很多，身心俱疲，但是面对的情况却越来越糟糕。这是因为很多时候，不会拒绝的人会渐渐从帮助他人，变成了自己实际上是欠着他人的，这无疑是出力不讨好的事情。已有些人因为不懂得拒绝，当时虽然痛痛快快答应了他人的请求，事后却因为能力不足导致自己根本做不到，这无疑会给他人带来更大的麻烦，还不如一开始就拒绝他人，让他人另想他法呢！从这个角度而言，不管是为了自己，还是为了不耽误他人，我们都要学会当机立断地拒绝，而不要拖泥带水，引起歧义。人非圣贤，每个人都无法完成自己每一个心愿，所以我们常常因为能力不足无法帮助他人，或者因为其他原因导致分身乏术，这些都是在所难免的，也是可以理解的。

有些人害怕因为拒绝他人，导致得罪他人，其实只要拒绝方式得当，他人是不会因为拒绝而疏远我们，甚至与我们绝交的。否则，一个不能理解和体谅你，而是觉得向你求助是理所应当的朋友，失去也许反而是一件好事情。

作为名牌大学的高材生，俊生大学毕业后没有回偏僻的家乡，而是选择留在北京打拼。他很有信心，想凭借自己的实力，创造属于自己的人生，而根本不愿意像父母一样一辈子都窝在一个小地方，连世面都不曾见过。

为了尽快安定下来，毕业前夕，俊生就和大多数同学一样一有闲暇就带着简历四处参加招聘会。有的时候，他甚至还会想方设法从网络上查到那些大公司的联系方式，主动投递简历。遗憾的是，随着就业形势越来越严峻，俊生的简历都石沉大海，再也没有了消息。眼看着已经毕业一个多月了，依然暂住在学生宿舍的俊生心急如焚。就在此时，他无意间邂逅了上一届的师哥。他请求师哥："师哥，现在工作难找，你是行政助理啊，应该可以说得上话，帮我找份工作吧！我要是再找不到工作，就要睡到大马路上去了。"师哥也只是个入职才一年的行政助理，他很清楚自己没有这样的能力，但是又不好意思承认自己无能为力，因而笑着说："别啊，我还指望着你将来能提携我呢！你这个小师弟可不简单，在学校里是学生会主席，我可是早就知道你的大名啊！和你相比，我也就是早一年毕业而已，但是我的能力比你可差远了！再耐心找找吧，就像谈恋爱需要缘分一样，找工作也要机缘巧合，说不定你再坚持一下就碰到合适的了呢！"

听到师哥的谦虚之词和对自己的恭维之词，俊生再也不提让师哥给介绍工作的事情了。和师哥留下联系方式后，他就带着简历又急匆匆地去找工作了。

师哥比俊生早一年毕业，但是也依然是职场新人，作为一个小小的行政助理，他根本没有能力为俊生介绍工作。不过师哥到底是师哥，还是很爱面子的，不好意思公然承认自己能力不足，所以以给俊生戴高帽子的方式，抬高俊生，从而委婉表达了自己的拒绝之意。

拒绝他人时，我们可以根据情况采取不同的拒绝方法，但是一定要顾全对方的颜面，保护对方的自尊，千万不要对对方恶言恶语，肆意嘲讽，否则就会从此失去一个朋友，多了一个敌人，可谓事与愿违，得不偿失。采用恭维对方、给对方戴高帽子的方式拒绝对方，恰恰维护了对方的尊严，给足了对方面子，因而能够让对方意识到我们拒绝的意思，又不至于觉得难看，所以是比较好的拒绝方法。

拒绝他人，不要伤了和气

在日常生活中，我们都不可避免地遇到需要拒绝的人或事，面对别人提出的不合理、不合适的要求或者自己不愿意去做的事情，这时需要我们大声说"不"，不要认为自己就是受欺负的，不要以为自己总是要对别人言听计从。虽然，拒绝是必然的，但拒绝的方式却是需要考量的，直接的拒绝将意味着对他人意愿或行为的一种否定，无形中会打击到对方的自信心，甚至伤害对方的自尊心。那么，如何能够保全了双方的面子，又巧妙地达到拒绝的目的呢？

在拒绝的时候，我们需要考虑到对方的面子，而幽默地拒绝恰好可以巧妙地体现这一点，用幽默的方式来拒绝对方，让对方在毫无准备的大笑口失望。比如面对同事相约去钓鱼的要求，"妻管严"丈夫回答"其实我是个钓鱼迷，很想去的，可结婚以后，周末就经常被没收了"，同事哈哈大笑，也就不再勉强他了。

意大利音乐家罗西尼生于1972年2月29日，因为每4年才有一个闰年，所以等他过第18个生日的时候，他已经72岁了。在他过生日的前一天，一些朋友来告诉他，他们凑集了两万法郎，要为他立一座纪念碑。他听了以后说："浪费钱财！给我这笔钱，我自己站在那里就好了！"

罗西尼本来就不同意朋友的做法，但他并没有正面拒绝，反而是提出一个不合理的想法，含蓄地指出朋友的做法太奢侈了，点明了这种做法的不合理性。拒绝是需要讲究技巧的，尤其是语言上的诀窍，只有掌握了这些技巧，才会既不得罪人，又能让别人欣然接受。

有一天，萧伯纳收到了著名舞蹈家邓肯的求爱信，她在情信中写道："如果我们结合，有一个孩子，有着和你一样的脑袋，和我一样的身姿，那该多美妙啊！"萧伯纳看了信以后，很委婉又很幽默地回了一封信，他在信中说："依我看那个孩子的命运不一定会那么好，假如他有我这样的身体，你那样的脑袋岂不糟糕了吗？"

邓肯收到信以后，明白了萧伯纳的拒绝之意，她失望地离开了，但她一点也不恨萧伯纳，反而成了他最忠实的读者和好朋友。

拒绝的话一向都不好说，说得不好很容易扫了对方面子，或者让自己陷入尴尬情境之中。所以，我们在拒绝他人时，需要讲究策略，最关键的一点就是用含蓄委婉的语言来传达"拒绝"的意思。

1.委婉暗示

有时候面对下属提出的建议，上司不忍拒绝，只好委婉地暗示："这个想法不错，只是目前条件还没有成熟，我觉得你应该把工作重心放在现阶段的主要工作上。"有时候，身边的同事或朋友可能会向你打听一些绝密的事情，但原则问题要求你保密。这时候，你不妨采用诱导性暗示，诱导对方自我否定。比如，你可以对他说："你能保密吗？"对方肯定回答："能。"然后你再说：'你能，我也能。"

2.借助他人之口把拒绝的话说出口

如果自己不知道该如何拒绝，你可以借助他人之口把拒绝的暗示语说出口。比如利用公司或者上司的名义进行拒绝："前几天董事长刚宣布过，不准任何顾客进仓库，我怎么能带你去呢？"或者说："这件事我做不了主，我会把你的要求向领导反映一下，好吗？"

我们可以通过语言来向对方暗示说"不"，拒绝也是一种艺术，既能达到巧妙拒绝的目的，又不至于让对方心里产生不快的情绪，这才是最高明的拒绝。在某些时候，我们不得不说"不"，当然，拒绝并不是以伤害他人为目的，而是以和为贵，要在尽量保全双方面子的前提之下进行。

拒绝他人，切忌太直白

其实，中国人受传统思想影响，在说话时大多是含蓄、委婉的，即便是在拒绝别人的时候。不过，就算是我们擅长委婉说话，但在现实生活中，还是不乏一些心直口快的直爽人，对于这样性格的人，应该记住拒绝不要太直白，这样容易让对方心生怨恨。

通常而言，太过直白的拒绝往往是伤害人的，不仅严重打击对方的积极性，而且会令对方心生怨恨。拒绝，意味着否定了他人的意愿或行为，但太过直接，就会伤害到对方的自尊心。

张大千留有一把长胡子，在一次吃饭时，一位朋友以他的长胡子为理由，连连不断地开玩笑，甚至消遣他。

可是，张大千也不烦恼，不慌不忙地说："我也奉献给诸位一个有关胡子的故事。刘备在关羽、张飞两弟亡故后，特意兴师伐吴为兄弟报仇。关羽之子关兴与张飞之子张苞报仇心切，争做先锋。为公平起见，刘备说：'你们分别讲述父亲的战功，谁讲得越多，谁就当先锋。'张苞抢先发话说：'先父喝断长板桥，夜战马超，智取瓦口，义释严颜。'关兴口吃，但也不甘落后，说：'先父须长数尺，献帝当面称为美髯公，所以先锋一职理应归我。'这时，关公立于云端，听完忍不住大骂道：'不肖子，为父当面斩颜良，诛文丑，过五关，斩六将，单刀赴会，这些光荣的战绩都不讲，光讲你老子的一口胡子又有何用？'"

听完张大千所讲述的这个故事，众人哑口，从此再也不扯胡子的事情了。

拒绝是一门艺术，它最忌直接，而拒绝的最高境界是让你和对方都不至于陷入尴尬的境地。朋友以张大千的胡子开玩笑，甚至有些过分，张大千想制止对方，可是如果轻描淡写地说，恐怕对方会不以为然，如果声色俱厉，又会伤了朋友之间的和气。张大千这样一说，委婉地告诉对方，你们拿我的胡子开玩笑，我已经忍了这么长时间了，再这样下去，我可就不高兴了。意思传达了，大家自然知趣，不再提这个话题了。

坐落在北京市房山区白云山下的云居寺又名西域寺，俗名小西天，是一座规模宏伟、建筑精美的寺院。寺内有南北压经塔两座，以秘藏丰富的石刻经板而闻名中外。

1956年，印度总理尼赫鲁来中国访问时，周恩来总理陪同他参观云居寺和出土的石经。尼赫鲁看到这批精美的石经后，感慨地说："总理阁下，我们印度是佛教的发祥地，有西天天竺国之称，贵国唐代敕封的唐僧曾来西天拜佛，取回真经万卷，弘扬佛教。现在我来到中国号称小西天的云居寺，目睹这些刻在石板上的石经，说不定有些经卷在印度已经失传，请允许我和阁下商量，印度愿以同等重量的黄金，换两块同等重量的石经，运回印度供奉，恳请阁下俯允。"

周恩来总理微笑着说："这些石经，是中国人民经过一千多年创造的天下奇迹，号称国宝，黄金有价，国宝无价呀。我作为中国总理，怎能用无价的国宝换取有价的黄金呢！我不能答应，请阁下谅解。"

说完，两位总理都笑了。

在这个案例中，面对印度总理尼赫鲁用重金购买石经的要求，周总理并没有直接拒绝，因为直接拒绝将预示着两国关系很容易陷入僵持的局面，因此，他这样说："这些石经，是中国人民经过一千多年创造的天下奇迹，号称国宝，黄金有价，国宝无价呀。我作为中国总理，怎能用无价的国宝换取有价的黄金呢！我不能答应，请阁下谅解。"以委婉的方式拒绝了对方的要求，同时获得了对方的谅解，堪称拒绝的最高境界。

1.委婉的拒绝更适用

我们不建议用直接的拒绝方式，比如，这两种拒绝方式："我不吃日本料理""附近还有其他特色餐厅吗？我不太习惯吃日本料理"。前一句更像是一句带着刺的话语插进对方心里，典型的自我中心践踏了别人的一番好意；而后一句则委婉地表达了自己的想法，别人会更容易接受。

2.艺术性地拒绝

在日常生活中，我们需要拒绝，也需要说"不会让对方伤心的拒绝话"，艺术的拒绝方式让对方感受不到一点伤害，反而会理解你的处境。当别人对你有所求而你却办不到的时候，你不得不说"不"，当然，拒绝并不是以伤害他人为目的，而是以和为贵，尽可能在不影响两人关系的前提之下进行的。虽然拒绝是很难堪的，但在不得已的时候还是会用到拒绝，事实上，只要你能够很好地运用拒绝的艺术，它最终带来的并不是尴尬而是和气。

当我们开始说不的时候，态度必须是委婉而又坚定的。委婉地拒绝比直接说"不"更容易让人接受。比如，当同事提出的要求不合公司部门规定的时候，你可以委婉地告诉对方你的权限，自己真的是爱莫能助，如果耽误了工作，会对公司与自己产生冲击。

尊重对方，拒绝也要给对方面子

人活在这个世界上，总会遇到一些这样的情况：自己的同窗好友或者同事，相处的时间长了，就会找自己帮忙。如果自己可以做到，那么应该尽自己全力去做，假如对方所提出的某些要求很过分，自己办不到，或者说不是我们个人力所能及的，那就需要拒绝别人，而不是硬撑，导致结果很糟糕。生活中总是有很多人在处理诸如此类的问题时感到很困惑，不知道该怎么办，明明知道这些事情办不好，但又害怕因此而伤害了彼此之间的友谊，而硬是答应下来。

那么，如何才能不伤害对方呢？最有效的办法就是给对方一个台阶下，以此维护好对方的面子，所以，我们在说"不"之前，要让对方了解你拒绝的苦衷和歉意，拒绝的语言要诚恳，语气要温和。当对方向你提出要求的时候，他们心中通常也有些困扰或担忧，所以，你在拒绝之前应该先倾听。对方把需要与处境讲清楚一些，你也才知道自己该如何帮对方，而且，倾听能让对方有被尊重的感觉。当你在婉转地拒绝时，也能避免伤害到对方。

"不论什么事情只要交给小安，我就放心了。"小安进入公司两年，这是领导经常挂在嘴边的一句话。刚开始小安很高兴，但时间一天天过去了，领导交给自己的工作任务越来越多，小安经常听到这样的吩咐"小安，这个方案你负责一下""小安，这个客户你去接待一下""小安，这个项目人手不够，你也参与进来"。

小安手里的事情多得做不完，但身边的同事有时间发呆，薪水却并不比自己少多少。小安心想，也许自己再忍忍就会有升职加薪的机会。但是，每次到了升职加薪的时候，那机会总是从小安眼前溜过，到了别人的口袋里。后来，小安也从人事部的老同事嘴里得知，关于自己升职的事情，中层主管会已经讨论过很多次了，每次都被领导否决了，说小安虽然业务能力不错，但管理能力不足，需要再锻炼锻炼。这时老同事就会说："你想想，如果你升职了，他上哪儿去找这么任劳任怨的下属呢？”

　　小安觉得，自己一定要想办法拒绝领导了，可是，该如何拒绝呢？这天，领导又开始吩咐："小安，下班后先别急着走，有一个案子还需要你负责一下。"小安脱口而出："不好意思，领导，今天我妈妈从老家过来了，就是五点半的火车，我得去接一下，您也知道，老年人嘛，手脚不太方便，我可不放心她跟那些身强力壮的人在火车站拥挤，而且我妈妈她也不认识路，我必须得去接她。"领导似乎很理解，挥挥手，说道："行，那你早点回去吧，案子的事情我让别的同事负责。"

　　在案例中，小安找了一个老掉牙的理由——接人，虽然，这算是一个好"台阶"，暂时不会被领导看出来，但下一次再遇到领导"加班"的要求怎么办呢？如果领导意识到自己被下属欺骗了，那结果会更糟糕。对此，作为下属，一定要在拒绝领导时，找一个最恰当的理由，给领导一个更好的台阶下。

　　1.找个好理由给对方台阶下

　　其实，拒绝时给对方一个台阶下，也就是说我们需要找个好理由。通常我们在拒绝时都会阐述一些理由，而这样的一些理由必须是充分而合理的，否则对方会感觉到你的不真诚。所以，在拒绝对方之前，需要给自己找好理由。一方面，如果没有好的理由就拒绝，会明显表现出"支支吾吾"的状态；另一方面，若是随便找的理由，不足以让对方理解，最终有可能会导致双方关系破裂。

2.照顾其心理

当然，给对方一个台阶下，其背后的意思是需要照顾其心理，拒绝要尽量在不伤害对方的前提下进行。所以，当我们拒绝的时候，不要只针对一个人，比如，面对推销员上门推销，你可以这样说："我们公司已经与某某公司签订了长期供给合同，公司里规定不用其他公司的原料，我也是按规矩办事。"由于你说的是以公司为单位，并不针对他这个人，他也不会埋怨你的，他自己也没受到多大的伤害。

当然，在拒绝过程中，拒绝对方要开诚布公，明确说出自己的理由。如果你在已经找好理由的情况下，还是采取模棱两可的说法，就会使对方摸不清你的真正意思，而产生一些不必要的误会，这也很容易导致两人关系破裂。

委婉暗示，表达你的拒绝

在生活中，我们都不可避免地会遇到需要拒绝的人或事，面对别人提出的不合理、不合适的要求或者自己不愿意去做的事情，我们需要说"不"。不过，拒绝的语言——"不"却是难以说出口的，这预示着你对别人的意愿或行为进行了一种否定，并在无形之中打击对方的自信心，甚至会给别人带来莫大的伤害。那如何才能不将"不"说出口，却又能够达到拒绝的目的呢？其实，我们可以通过语言来向对方暗示说"不"，通过语言暗示将拒绝的信息传递给对方，让对方自行领会你的拒绝之意。把拒绝的话不着痕迹地说出口，这才是最高明的拒绝。

在某些时候，一方面我们不得不拒绝，但另外一方面我们却需要尽可能地不给对方带来伤害，也就是说，拒绝要尽量在保全双方面子的前提之下进行。实际上，一个人的心理是可以通过语言进行暗示的，当我们要想拒绝某个人的时候，不妨将这种心理通过语言传递给对方，有效地将拒绝的意味传递出去。

在某大型跨国公司的一次会议上，公司董事长拿出了一个为该公司的新产品设计的形象标志，征求大家意见。该标题的主题是旭日。董事长说："这个旭日很像日本的国旗。日本人见了一定会乐于购买我们的产品。"营业部主任和广告部主任都极力恭维这个设计，但年轻的销售部主任说："我不同意这个设计。这个设计和日本国旗很相似，日本人喜欢，然而，我们另一个重要市场是中国，中国人也会联想到日本的国旗，就不会产生好感，就会不买我们的产品。这不是与本公司要扩张对华贸易的营业计划相抵触吗？这显然是顾此失彼了。""天啊！你的话高明极了！"董事长叫了起来。

拒绝是需要讲究技巧的，尤其是语言上的巧妙暗示，只有掌握了这些技巧，才会既不得罪人，又能让别人欣然接受。在拒绝的时候，我们需要考虑到对方的面子，而幽默地拒绝恰好可以巧妙地体现这一点，用幽默的方式来拒绝对方，让对方在毫无准备的大笑中失望。

　　一位名叫宫本的青年去拜访山田先生，想将一块地产卖给他。山田听完宫本的陈述后，并没有作出"买"或者"不买"的直接回答。而是在桌子上拿起一些类似纤维的东西给宫本看，并说："你知道这是什么东西吗？"

　　"不知道。"宫本回答。"这是一种新发现的材料，我想用它来做一种汽车的外壳。"山田详详细细地向宫本讲述了一遍。山田先生共讲了15分钟之多。谈论了这种新型汽车制造材料的来历和好处，又诚诚恳恳地讲了他明年的汽车生产计划。山田谈的这些内容宫本一点也听不懂，摸不着头脑，但山田的情绪感染了宫本，他感到十分愉快。在山田送宫本时顺便说了一句：不想买那块地。

　　拒绝的话一向都不好说，说得不好很容易扫了对方面子，或者让自己陷入尴尬情境之中。所以，我们在拒绝他人时，需要讲究策略，最关键的一点就是用语言暗示出自己的拒绝心理。

　　1.只可意会，不可言传

　　语言暗示，也就是不明说，而用含蓄的语言使人领会。当我们为了某种目的，在无对抗的条件下，可以通过交往中的语言，用含蓄、间接的方式表达出"拒绝"信息，使对方接受自己的意见或观点。

2.暗示的语言很含蓄

通过语言暗示"拒绝"，这样的拒绝方式既极其婉转，又回应了对方提出的无理要求。有时候面对下属提出的建议，上司不忍拒绝，只好委婉地暗示："这个想法不错，只是目前条件还没有成熟，我觉得你应该把工作重心放在现阶段的主要工作上。"

在日常交际中的一些场合，拒绝的话都不便于直说，这时可以利用言语暗示来传递一些信息，暗示所采取的方式可以是含蓄的语言，但只要对方能够明白你所表达的意思，那就实现了我们的目的。实际上，暗示的拒绝比直言快语更能凸显出表达效果，因为它所表现出来的婉转曲折，总是给人以愉快的心情。

先肯定再否定，给拒绝一种补偿

有时候，我们用"戴高帽"的方式，也可以达到巧妙拒绝对方的目的。通常情况下，一个人被拒绝之后，心里会产生落差，他会觉得自己的言语或行为遭受了否定，甚至会有一种被遗弃的感觉。在这时，他急需要一种愉悦的情绪进行弥补，填补内心的落差，如果你在拒绝对方之时，再加上几句对其赞美的话语，那将是非常完美的。

在这个世界上，每个人都渴望受到他人的赞同与认定，即便自己的某些要求被拒绝或否定了，但自己的另外一些方面受到了别人的赞美，那何尝不是遭受拒绝之后的一种补偿呢？

早上，熬了一个通宵的王女士还没起床，就被一阵敲门声吵醒了。她很不耐烦地起来，胡乱穿了一件睡衣就开了门，只见门外站着一个十七八岁的女孩子，正犹豫着要不要继续敲门呢。王女士上下打量了对方一番，发现这个女孩子穿着随意的T恤牛仔裤，手提一个袋子，袋子封面上有"某某化妆品"的字样，一看这架势，应该就是上门促销的。

王女士有些不耐烦："大清早的，怎么就上门推销东西了？"那女孩子态度很谦和："不好意思，姐姐，打扰你了，我是某某公司……""姐姐？"王女士看着邋遢的自己，好像还把自己看年轻了，那女孩子谦逊的态度，让王女士不好拒绝，但是她平时最讨厌这种上门推销的业务员。她一边听那女孩子说产品，一边开始考虑到底怎么拒绝。

不一会儿，那女孩子就介绍完了产品，然后试探性问："姐姐，你平时用化妆品吗？"果然，马上就转到正题了，王女士摇摇头说："我白天晚上这样忙，哪里有时间去护肤呢，不过，说实在的，我可是很羡慕像你这样年纪的女孩子，皮肤好，身材好，那可是我做梦都想回去的年纪，可惜已经回不去了。"女孩子害羞地红了脸，说道："其实，姐姐看起来也很年轻的。"王女士笑了笑，说道："像你这样的女孩子就是好，我的女儿也就你这般年纪，现在正在上大学，青春真是无限好，如果我女儿在家就好了，估计她会对你的化妆品感兴趣。可是怎么办呢，现在我的女儿不在家，像我这样的老太婆，已经用不着了。下次我女儿回来了，一定欢迎你上门推销，好吗？"没想到这样一说，那女孩子一点也不泄气，反而很有礼貌地说："不好意思，姐姐，打扰你了，再见！"说完，就告辞了。

在案例中，王女士想拒绝上门推销化妆品的女孩子，但看着对方谦和的态度，又不忍心拒绝，怎么样拒绝才不至于让对方难以接受呢？她打量了那个女孩子以后，发现对方跟自己女儿差不多，于是，她先是赞赏了对方值得羡慕的年纪，这样"戴高帽"立即给对方带来好心情，然后再适时拒绝，这样的方式也令对方很容易就接受了。

1.让对方产生优越的感觉

"戴高帽"，其实就是赞美，或者说夸赞，将别人的地位无形之中抬高，让对方有一种优越的感觉。而正是"戴高帽"所导致对方产生的优越感觉，会有效地弥补其遭受拒绝之后的落差心理。

2.人其实是容易满足的

人总是这样，当他重新拾回了一个苹果，即便他已经丢失了一个橘子，但他内心却还是非常愉悦，他们总是着眼于自己眼前的东西，总是容易满足的。因此，当我们不得不对他人所提出的要求进行拒绝的时候，即便这样的拒绝对于他人来说是难以接受的，但若是适时说几句好话，那定会给对方料不到的惊喜。

在生活中，虽然我们都知道拒绝是应该的行为，但同时我们都害怕拒绝别人，也害怕被人拒绝，无论是处于哪一方，都将会遭受消极情绪的折磨。在这样的情况下，为什么不能将拒绝变换一种方式呢？就好像本来一个平常无奇的三明治，突然中间多了许多美味的蔬菜，那该是多么大的惊喜。所以，在拒绝对方的时候，我们要善于用抬高对方的方式来拒绝别人。

第九章

认同公式：看人说话，赢取好感

运用"同理心"，拉近彼此心理距离

同理心是指在人际交往中，能够体会对方的情绪和想法，理解对方的立场和感受，并站在对方的角度思考和处理问题的能力。换句话说，同理心就是站在对方立场思考的一种方式。在已经发生的事情中，把自己当成对方，想象是由于自己的何种心理导致了这样的行为，最后触发了整件事情。

在整个心理过程中，由于自己先接纳了这种心理，所以也就接纳了对方的这种心理，最后谅解了这种行为和事情的发生，这与古人所说的"己所不欲，勿施于人"如出一辙。在人与人之间的沟通过程中，"同理心"始终扮演着重要的角色。

保险员李小姐一进门便开门见山说明来意："李先生，我这次是特地来请您和太太及孩子投入寿保险的。"可是，王先生却异常反感地说："保险是骗人的勾当！"李小姐并没有生气，微笑着问道："噢，这还是第一次听说，您能给我说说吗？"王先生说："假如我和太太投保三千元，这三千元现在可买一部兼容电脑，二十年后再领回的三千元，恐怕连电视机都买不到了。"小姐又好奇地问："这是为什么呢？"王先生很快地回答："一旦通货膨胀，物价上涨，即会造成货币贬值，钱就不经花了。"通过这样的问话，小姐对王先生内心的忧虑已基本了解。

李小姐首先维护李先生的立场："您的见解有一定的道理。假如物价急剧上涨二十年，三千元不要说买黑白电视机，怕只够买两棵葱了。"李先生听到这里，心里很高兴，但接着精明的李小姐又给他解释了这几年物价改革的必要性及影响当前物价的各因素，进一步分析我国政府绝对不会允许旧社会那样的通货膨胀的事情发生的道理，并指出以王先生的才能和实力，收入可望大幅度增加。说来也奇怪，经李小姐这么一说，王先生开始面带笑容，两人相谈甚欢，当然，李小姐最终获得了成功。

李小姐成功的秘诀就在于利用同理心说话，站在对方的立场来思考，设身处地，洞悉对方的心理需求，再进行引导，影响对方心理，最终说服了王先生。由此可见，灵活地运用同理心说话能够有效地影响对方心理，站在对方的角度思考问题，与对方实现内心的对话，最终达到操纵其心理的目的。

卡耐基租用了某旅馆大礼堂讲课。一天，他突然接到通知，租金要提高3倍。卡耐基前去与经理交涉。他说："我接到通知，有点震惊，不过这不怪你。如果我是你，我也会这么做。因为你是旅馆的经理，你的职责是使旅馆尽可能赢利。"紧接着，卡耐基为他算了一笔账，将礼堂用于办舞会、晚会，当然会获大利。"但你撵走了我，也等于撵走了成千上万有文化的中层管理人员，而他们光顾贵旅社，是你花再多的钱也买不到的活广告。那么，哪样更有利呢？"经理被他说服了。

卡耐基所使用的口才心理策略"如果我是你，我也会这么做"，其实就是"同理心"。当他站在经理的角度时，经理心中已经降低了防备心理，然后，卡耐基抓住了经理的兴奋点，使经理心甘情愿地把情感的天平倾向了卡耐基这边。

那么，如何利用同理心说话，与对方惺惺相惜呢？

1.赞同对方

当对方表露出与自己全然不同的想法时，你应该以同理心说话："你的话有一定的道理……"并通过语言分析强化对方想法的正确性，站在对方的角度，再进行积极引导，通过同理心产生的作用影响其心理，达到操控其心理的目的。

2.站在对方的角度

汽车大王福特说："假如有什么成功秘诀的话，就是设身处地替别人着想，了解别人的态度和观点。"于是，当对方说出了自己的决定时，我们应该强调对方这种做法的合情合理性，了解对方现在的心理矛盾，以感同身受影响其心理，再巧妙地说服对方。

3.展现亲密感

当你仔细观察对方身上所具备的特征之后，你会发现在你们之间其实也有许多相同点，而我们需要做的就是传递出"咱们都是一家人……"这样的信息，通过同理心来影响对方。比如"张先生，我也姓张，咱们五百年前可是一家人啊""王姐，您也是东北人啊，真是太巧了，我也是东北的"。

4.诉说相同的经历

相同的经历会有相同的感受，相同的感受自然会惺惺相惜，我们要巧妙地利用同理心说话，比如"你以前在广东工作过？我早些年也在广州工作过""李姐，咱们做女人真的是不容易啊，既要照顾家庭，又要照顾孩子，生活压力真大啊"，以此来影响其心理，达到说服对方的目的。

利用同理心说话，就是我们站在对方的角度，同情、理解、关怀对方，接受对方的内在需求，并感同身受地予以满足。利用同理心说话，可以从对方言语的细微处体察对方的心理需求，从而通过语言表达出"惺惺相惜"的感觉，最终影响其心理。

制造出与对方惺惺相惜的心理磁场

在社交活动中，很多朋友都在与陌生人初次见面，或者是与不相熟的人交往时感到非常为难。因为他们不知道如何拉近自己与陌生人的距离，也不知道自己要怎么做，才能与普通的朋友之间更加亲近。

在充满默契的人之间，一时的沉默可以作为默契的表现，即使相对两无言，也是非常美好的境界。但是在缺乏默契的人之间，哪怕短暂的沉默也会使人觉得尴尬和难堪，因为这样的沉默是由彼此间根本不知道说些什么导致的。从这个角度而言，我们要想与他人一见如故、相谈甚欢，甚至觉得志同道合，实际上只要以同理心对待对方，更加理解和体谅对方，就可以有效缓解我们与对方之间的关系。

有人说世界上万事万物皆有磁场，那么我们不由得想象，那些相互吸引的人之间，一定是有了强烈的磁场吸引，所以才能更加趣味相投。的确，心理上也是有磁场的，只要我们制造出与对方惺惺相惜的心理磁场，对方就会情不自禁地亲近我们，也会因为与我们之间有着共同语言，因而更加认同我们。这样的结果，当然是我们想要的，也是很多人在人际关系之中苦苦追求的。

一名退伍军人拎着行囊，离开了几年间生活的部队，踏上了归家的长途汽车。漫长的旅途百无聊赖，因而退伍军人恹恹欲睡，只盼着马上就能到家。想起在部队里和战友们有说有笑，他更是觉得想念部队的生活。

一路上，退伍军人都闭着眼睛假寐。突然，正在行驶的汽车熄火了，退伍军人不由得睁开眼睛，环顾四周。乘客们都很着急，原本都要晚上才能到达目的地，这样一耽误，岂不要半夜才能到家了。司机下车去修车了，车上的乘客们你一言我一语地说了起来，无外乎抱怨车子早不坏，晚不坏，偏偏这个时候坏了。退伍军人也下车去帮司机的忙，给司机递递工具，出出主意。在退伍军人的帮助下，汽车很快修好了，接下来的旅程，司机一直在和退伍军人聊天，退伍军人再也不觉得寂寞了。司机问退伍军人："你是什么时候学会修车的？"退伍军人笑着说："在部队里，要求我们会修车。"司机很惊讶，似乎见到亲人一般瞪大眼睛看着退伍军人："你当过兵？"退伍军人笑了，说："现在就是复员回家的啊！""我也当过兵啊，你是哪个部队的？"司机的话让退伍军人也如同找到部队一般兴奋，就这样，他们你一言我一语，相谈甚欢，相见恨晚。

　　退伍军人和司机，因为修车关系变得亲近起来，又因为他们都曾经是军人，所以马上找到了共同话题，有了共同语言。就这样，原本枯燥乏味的旅途，在他们热切的攀谈中不知不觉就过去了。可想而知，他们后来一定会成为好朋友，因为他们正如英雄一样惺惺相惜，也非常认可和敬重彼此。

　　在现实生活中，我们要想与他人一见如故，就要引发彼此间的心理认同感。那么如何做，才能让我们与他人相互认同，惺惺相惜呢？其实，并非有共同的经历，诸如事例中的退伍军人和司机都是军人，才能引发心理认同感。很多时候，我们只要找到与他人的共同话题，就能与他人马上变得熟络起来。其次，要想拉近我们与他人之间的距离，我们还应该掌握一定的语言表达技巧，诸如说话的时候多多说起"我们"，不要盲目排斥他人，再如也可以赞美他人，从而使他人对我们心生好感。如果我们面对的是陌生人，那么我们还要做到主动搭讪，表现出对陌生人的好感，从而快速营造稳固的心理磁场，使得彼此之间始终相互吸引。总而言之，人际关系之树要想常青，就需要我们用心地付出和投入。很多时候，我们给别人留下好印象不容易，但是要摧毁我们在他人心目中的形象却很容易，所以我们必须非常爱惜自己的好人缘，经营好人际关系，让自己处处受到欢迎。

提及共同兴趣，拉近彼此距离

如果说在农耕时代人们过着闭塞的生活，还能够勉强做到自给自足，那么在现代社会，人与人之间在生活中和工作中的关系越来越密切，现代人就会很难真正宅在家里，什么事情都不依赖于他人。举个简单的例子，我们的日常所需，是由无数人为我们提供的，当然我们的劳动成果也会以各种各样的渠道分享给他人。从这个意义上说，这个世界上没有任何人能够独立于世，每个人唯有更好地与他人交流与合作，才能让自己生活得更好，也才能为社会做出自己的贡献。

但是，世界上最遥远的距离是什么呢？不是我们分别在地球的两端，而是我们就这样面对面站在一起，心里却隔着十万八千里。这种心理上的距离和物理距离不同，物理距离可以随着移动而减小或者增加，但是要想缩短心理距离，却远远不止移动自己那么简单。因而在与他人交往时，我们要想拉近自己与他人之间的关系，只是坐到他人身边还远远不够，而是要找到各种各样恰到好处的方法，走到他人的心里去。当然，有些方法是显得很突兀的，尤其是在对待陌生人的时候更不适宜使用。那么，要想拉近我们与他人之间的距离，到底哪些方法更适用呢？以相同的兴趣入手，是个很好的选择，而且显得顺其自然，不会过于僵硬生硬和目的明显。

很多细心的人会发现，年幼的孩子们哪怕初次见面，也会马上玩到一起，甚至就像相识已久的老朋友，根本不愿意分开。这是为什么呢？其实没有什么玄妙之处，那些小朋友之所以关系亲密，就是因为他们有着共同的兴趣爱好。诸如一个小朋友正在玩遥控汽车，其他小朋友看到了，马上就会走到这个小朋友身边，看这个小朋友玩，或者在得到这个小朋友的许可之后，和这个小朋友一起玩。这样一来，汽车就会成为他们之间的沟通媒介，让他们在很短的时间内就因为共同喜欢的玩具，变得熟悉和亲密起来。

成人的世界里，虽然各种规则比孩子的世界更加复杂，但是人性却是共通的。不管什么时候，我们就算已经长得很大了，完全忘记了自己孩童时代的模样，但是我们依然有自己的兴趣爱好，而且还很可能幸运地遇到与我们志同道合、志趣相投的朋友。在这种情况下，我们怎能不与对方一见如故、相见恨晚呢！当然，要想找到兴趣相同的朋友，而我们的兴趣二字又从来不会写在脸上，那么我们就要经常展示自己的兴趣，表现出自己的兴趣所在，这样他人才能有更多的机会找到我们，甚至来主动结交我们。这就像是之前热播的《等着你》电视节目一样，那些因为各种原因与亲人失散的人，虽然至今不知道自己日思夜想的亲人在哪里，但是他们却把自己的心愿公诸于世，从而让亲人看到他们的呼唤和渴盼，回到他们的身边。

常言道，物以类聚，人以群分。我们如果个性鲜明，且希望找到与自己志趣相投的人，那么我们就要主动展示自己，让那些很像我们的人，循着我们表现出来的蛛丝马迹，从而成功地找到我们。当然，表现兴趣不可以太僵硬而要讲究一定的技巧。诸如我们可以积极参加各种主题活动，例如喜欢爬山的人可以加入驴友的队伍中，那么就会结识更多有共同兴趣爱好的朋友。此外，如果我们已经意识到某人可能是我们志同道合的朋友，但是又不好意思直接突兀地问，那么我们就可以以请教的方式接近对方。当我们拿着对方很擅长的问题去请教对方，相信对方一定会惊喜地看着我们。当然，有的时候欲速则不达，当各种表现兴趣爱好的方式都无法起到好的作用时，我们不如反其道而行之，把自己装扮成一个门外汉，故意以新手的姿态出现，最终给他人以惊喜，也给予我们自己更大的回旋空间。

人与人相处时，除了讨论时事之外，最喜欢谈论各自的兴趣爱好，甚至有很多看似内向、平日里沉默寡言的人，一旦说起自己感兴趣的话题，也马上会变身话痨，甚至侃侃而谈，无休无止。由此可见，打开内向者话匣子的方式，也有着异曲同工之妙。

互惠原则，从利益谈起吸引对方

一个人在面对对手和敌人的时候，必然心怀戒备，甚至不愿意多说什么，生怕被对方设计陷害了。但是在面对自己同一战壕的朋友时，却能够做到坦诚相见，甚至把自己的很多隐私都告诉朋友，只为了与朋友掏心掏肺，关系更进一步。实际上，这就是人心理上的微妙表现，即人的本性都是趋利避害的，都愿意让他人帮助我们进步，而不愿意被他人伤害或者拖后腿。也因此，在人际交往过程中，大多数人虽然会背叛朋友，却不会背叛自己的利益，甚至有些人为了利益，宁愿与曾经的敌人携手并肩。这正应了有人说的，没有永远的敌人，只有永远的利益。的确，在利益面前，一切皆有可能。

从这个角度而言，如果我们想要与他人搞好关系，一味地示好未必有用，但是假如我们能摇身一变和他人成为同一战壕的盟友，那么我们与他人就会成为利益共同体。这样的关系非常坚固，而且因为大家都成为一根绳子上的蚂蚱，所以每个人也都愿意为了维护共同的利益而付出自己最大的努力。

　　难道这意味着人与人之间只剩下赤裸裸的利益关系吗？其实不然。这只是告诉我们人与人之间互惠互利很重要。很多头脑活络的人从这个现象上也能找到更好的人际相处之道，那就是在与他人合作的时候，不要为了自己的利益而极度挤压他人的利益，而是要学会谦让，从而保证他人在与你合作的过程中是有利可图的，唯有如此，你们之间的合作才会更加长久。香港的大富豪李嘉诚，在商业领域之所以做得那么出色，就是因为他一直坚持的合作原则是：一定要让合作者有利可图，而且要在可行范围内让利给合作者，从而保证合作者的利润。从表面来看，李嘉诚似乎并不懂得赚钱的道理，但是实际上他眼光长远，是可以长期合作的伙伴。假如李嘉诚在漫长的经商过程中总是压榨其他人的利润，那么日久天长，必然没有人愿意再与他合作，他的商业帝国也就不复存在。

　　当然，我们只是普通人，我们没有李嘉诚那样的大手笔与很多商界奇才合作，但是作为普通人，我们哪怕不做生意，也经常需要与人打交道。在和他人交往时，我们与其斤斤计较，得理不饶人，不如胸怀宽大，在言语上礼让他人几分。这样的退让看似是怯懦，实际上是大格局的表现，是能够赢得他人的认可和尊重的。

　　大学毕业后，张娜如愿以偿进入一家大公司工作。但是作为新人的她，却发现同事关系非常难处。大多数同事对张娜非常冷淡，有一两个同事可能觉得张娜威胁到了他们的地位，因而对张娜虎视眈眈，充满敌意。

有段时间，张娜居然被个别同事在背后告黑状，打小报告，这让张娜非常郁闷。她甚至想要辞职，但是学姐告诉她："新人进入职场，既没有人脉关系，也没有什么资源，更没有资历，所以遭遇这样的困窘局面是很正常的。你可以与有些同事建立互惠互利的关系，或者加入某一个比较牢固的小团体中，这样才能避免孤军奋战。"在学姐的建议下，张娜选择向着办公室主任刘姐靠拢。据说刘姐到公司七八年了，而且还有点儿后台，再加上刘姐人本身也挺好的，偶尔还会照顾张娜。为此，张娜顺水推舟，加入了刘姐的小团体。果然，在此之后张娜就像是找到了组织一样，不再孤单且无可依靠了。

在关系复杂的职场上，大多数公司内部都有所谓的小团体。实际上，一个人孤军奋战的确是很难的，尤其是职场新人实力很弱，就更加难以仅凭一己之力打天下。加入小团体，并不意味着太多形式上的东西，而是意味着人与人之间利益相关，为了维护共同的利益，大家不得不抱团取暖。

当然，我们与他人之间的利益并非一直存在的。有的时候，我们要让他人与我们利益相关、利益一致。诸如在《伪装者》电视剧中，作为三料间谍，王凯饰演的阿诚就把汉奸梁某，变成了自己的利益共同体，从各个方面牵制梁某，使得梁某虽然不情愿，却也只能想方设法保护他们，维护他们的利益。当然，现实生活不会像谍战片那么精彩和扣人心弦，我们只需要找出与他人的利益平衡点，就能与他人形成共同利益团体。

此外，只有共同利益还是不够的。我们要想得到他人的认可、尊重和忠心拥戴，还要学会站在他人的立场上考虑问题，维护他人。很多推销者之所以成为销售界的传奇，就是因为他们的目的不是卖出商品，而是竭尽所能地帮助客户达到满意。这样一来，他们自然会把销售工作做到极致，得到客户的认可和尊重。

最后，我们还要审时度势，与时俱进。每个人的利益不同，每个人在不同时间或者人生阶段的追求也各不相同。我们唯有擦亮眼睛，才能更好地与他人结盟，从而也最大限度保证自己的利益得以实现。

彼此认同，才能激发情感共鸣

现代社会，人际关系被提升到前所未有的高度，人与人之间的关系也变得更加微妙敏感。很多人都把人脉资源作为自己生活和工作的重要资源，人们也总是把"多个朋友多条路，多个敌人多堵墙"挂在嘴边。的确，良好的人际关系对于人们的生存起到至关重要的影响作用，很多时候我们与性情相投的朋友相谈甚欢、谈笑风生，但是与彼此缺乏了解和理解的朋友，却话不投机半句多，真是多一句话也不想与对方说。从这个角度来看，人际关系很大程度取决于我们与他人是否能彼此认同，有情感共鸣。

很多人都害怕和陌生人打交道，因为他们不知道如何与陌生人相处，更不知道自己说出去的话、做的事情，将会得到陌生人怎样的对待。这样的不确定感，使得我们与陌生人之间的相处面对着重重阻碍，我们甚至不知道如何与陌生人搭讪。实际上，人都是感情动物，人们常说只要真心诚意，哪怕把一块石头在怀里揣几年，也能把石头焐热了。的确，打开人的心扉的，不是所谓的大道理，也不是那些冠冕堂皇的话，而是感情。只要我们能够与他人之间加深认同感，巩固我们与他人的感情基石，那么我们与他人的交往就会越来越深入，越来越顺遂。

作为百货公司的经理，唐宇几乎每天都要与各种各样的客户打交道，他们不是来退款的，就是来退货的，也有来无理取闹的。但是既然是百货公司的经理，在客服人员应接不暇，或者没有能力处理得当的时候，就只能由他出面啦。为此，唐宇曾经说做售后客服工作是最难的，也曾经说自己再也不想当所谓的经理。但是那些艰难的事情都已经过去了，现在的唐宇，总是能够第一时间帮助客户平复情绪，从而协助客户更好地解决问题。

这天中午，唐宇吃完午饭正在午休，突然听到外面传来激烈的争吵声。他在办公室里凝神细听了一会儿，知道是有个顾客因为买的羊毛西服总是掉毛毛，所以来找售后了。羊毛西服的确有这个问题，但是售后偏偏说："我这么告诉您吧，我老公买的五六千一套的羊毛西服，也是这样的！"这样的话，未免使客户感受到一种压人的意味，因而客户更加不愿意，怒吼道："你老公冤大头我也冤大头吗？你老公愿意娶你这样的女人，我还不愿意呢！"客服受到这样的侮辱大哭起来，唐宇只得结束午休，去处理问题。刚刚见到客户，他就说："很抱歉先生，给您带来不好的购物体验。羊毛西服的确存在这样的问题，您也知道羊毛的纤维很细，有的时候未免不够牢固。如果您坚持要处理的话，我可以帮助您退掉这身西服，当然前提是您的西服还没有下水洗过。如果您愿意继续穿着的话，其实我也曾经备受羊毛西服的困扰，我想我可以给你推荐几种好用的小工具。"唐宇的一番话看似平淡无奇，但是客户听了之后却不再吵闹了，而是选择不退货，同时他还和唐宇就羊毛西服掉毛的问题友好地展开了探讨呢！

其实，唐宇解决售后问题并没用特别的技巧和方法，但是他唯一的原则是不要激怒客户。即不管客户多么无理取闹，不管客户说的多么没有道理，也或者是因为客户自身的认知局限导致对商品产生误解，他都坚持要第一时间认可客户的感受。这样一来，原本情绪激动的客户就更容易恢复平静，而且感情上也更能接受唐宇接下来的讲述，远远比歇斯底里、现场混乱的结果要好得多，也圆满得多。

　　同样的道理，在和他人相处时，为了让他人感受到我们的尊重和诚意，我们第一时间就要对他人表示认同。这么做，他人才会降低对我们的防范和抵触心理，也才能更愿意继续与我们深入交往。需要注意的是，在认同他人的过程中，我们并不只需要生硬地肯定他人，而是要从以下几个细节顺其自然给予他人认同感。首先，在倾听他人时，我们要能够做到及时反馈，对于觉得他人说得有道理的地方，我们还要给予适当的回应，诸如点头，或者是简单地说一些话表示认可。其次，为了表示对他人的认同，我们还可以采取提起他人名字，或者复述他人觉得重要的话的方式，让他人意识到我们很赞同他们的观点和想法。除此之外，我们还应多多关心他人，尤其要从细节给予他人无微不至地关注和关照，这样会让他人意识到自己在我们心目中的地位很高　他人自然也会把我们看得更重。总而言之，一切的好感都是相互的，我们要想得到他人的认同，与他人更好地相处，就要从各个方面认同他人，从而才能让他人敞开心扉拥抱和接纳我们。

认真倾听，是最好的认同

　　在西方有一句谚语："倾听是最高的恭维。"英国学者约翰·阿代尔说："对于真正的交流大师来说，倾听和讲话是相互关联的，就像一块布的经线和纬线一样。当他倾听的时候，他是站在他同伴的心灵入口；而当他讲话时，他则邀请他的听众站在通往他自己思想的入口。"生活中，我们经常会遇到这样的事情：当一个遭遇烦恼的朋友找自己倾诉，我们只需要认真听他讲话，当他讲完了，心情就会平静很多，甚至不需要我们做任何事情来帮助其恢复平静。

在一次推销中，乔·吉拉德与客户洽谈顺利，眼看就快要签约成交的时候，对方却突然变了卦——快进笼子的鸟儿飞走了。

当天晚上，按照顾客留下的地址，乔·吉拉德找上门去求教。客户见他满脸真诚，就实话实说："你的失败是由于你没有自始至终听我讲话，就在我准备签约前，我提到我的独生子即将上大学，而且还提到他的运动成绩和他将来的抱负。我是以他为荣的，但是你当时却没有任何反应，而且还转过头去用手机和别人讲电话，我一恼就改变主意了！"

这一番话重重地提醒了乔·吉拉德，使他领悟到"听"的重要性，让他认识到假如不能自始至终倾听对方讲话的内容，认同顾客的心理感受，难免会失去自己的顾客。以后再面对顾客时，他就十分注意倾听他们的话，不管是否和他的交易有关，都给以充分的尊重，并收到了意想不到的效果，终于他成为了一名推销大师。

在沟通过程中，占据主动位置的一定是会说的人吗？不一定是，有时候，能够把控沟通的主方向的人往往是一些善于倾听的人。因此，我们必须要学会善用我们的耳朵，做一个善于倾听的人，并牢牢地抓住沟通的主控权。

还有一次，乔·吉拉德拜访了一个有趣的客户，一开始，客户就喋喋不休地谈论自己的儿子，他十分自豪地说："我的儿子要当医生了。"乔·吉拉德惊叹道："是吗？那太棒了！"客户继续说："我的孩子很聪明吧，在他还是婴儿的时候，我就发现他相当聪明。"乔·吉拉德点点头，回应道："我想，他的成绩非常不错。"客户回答说："当然，他是他们班上最棒的。"话匣子一打开，客户就聊起了儿子在小时候、中学、大学的趣事。

第二天，当乔·吉拉德再次打电话给那位客户时，却被告知他已经决定在自己手中买车，而客户的原因很简单，他说："当我提起我的儿子吉米有多优秀的时候，他是多么认真地听。"

或许，有人错误地认为多说话才能把握沟通的主动权，其实，多说话会给我们带来很多负面的影响。多说有可能会使他人对你产生戒心，认为你有某种企图；说得太多了，他人会对你敬而远之，因为他没有义务当你的倾诉桶；况且，说话这件事，说得多了，难免会出错；有时候，说得太多，暴露的信息太多，就会被别人看穿。

1.倾听会让你受益

布里德奇说："学会了如何倾听，你甚至能从谈吐笨拙的人那里得到收益。"倾听并不是没有任何意义的随声附和，一个优秀的倾听者可以从说话者那里获取大量的信息，赢得对方的喜欢，达到打动人心的目的。

2.掌握倾听的技巧

不过，倾听也是有技巧的，除了听之外，需要适时地重复对方话语中的关键字眼。当然，倾听比说话更需要毅力和耐心，假如你只是埋头玩自己的手机，或者把头瞥向一边，这样无疑会打击说话者的积极性。

3.倾听是沟通的前提

只有听懂了别人表达的意思的人才能沟通得更好，倾听是说话的前提，先听懂别人的意思，再表达出自己的想法和观点，才能更有效地沟通。同时，听懂了别人的意思，我们才有机会掌握沟通的主动权，如此，也更容易打动人心，达到办事成功的目的。

卡耐基说："对和你谈话的那个人来说，他的需要和他自己的事业永远比你的事重要得多。"所以，做一个懂得倾听的人，并将这样的美德沿袭在自己身上，你会赢得比别人更多的机会，获取更多的信息，把握沟通的主动权，能够更加有效地打动人心。

第十章

求人公式：适度示弱，巧语言说

以"情"动人，让对方不好意思拒绝你

人是社会的人，任何人的一生，都不可能不求助于人，真正成大事者，往往懂得借助他人的力量。善借外力，必懂攻心谋略；善攻心者，必能用言语感动人。因为人都是感情的动物，世间之事也逃不过一个"情"字，求人办事时更是如此。情真方能动人，再铁石心肠的人也难免为真情所动。

山东某企业家张先生原是东北吉林人。张先生虽已成家立业，但时时刻刻都想着家乡，却因为工作繁忙，一直没时间回去。

王先生是张先生家乡所在城市对外联络办的工作人员，最近他在工作上遇到了一点问题：市政府为了创办当地特有的产品加工厂，需要一笔不小的资金，当地政府千筹万借，才筹到了总数的三分之一，怎么办呢？王先生准备找张先生帮忙。他看了张先生的详细资料后，就判断张先生这时也有回家乡投资的意向。因此，在没有任何人员陪同，也没有准备任何礼品的情况下，王先生独自一人前往山东。

当张先生听到家乡来人时，欣喜之余也感到有些惊讶，因为久不闻家乡的信息，突然有人来了，该不会是招摇撞骗之人吧！张先生心里不由得生出阵阵怀疑，但出于礼节，他还是同

王先生见了面。

王先生一见张先生这种神情，知道他还没有完全相信自己。于是他挑起了家乡的话题，只讲家乡在中华人民共和国成立以前及这些年来的风貌变化，他那生动的语言，特别是那浓浓的爱乡之情溢于言表，令张先生深受感动，也将他带回了童年及少年时代，想起了那时的家乡，那里的爷爷奶奶，还有邻里亲戚……很显然，张先生记忆深处中的那块思乡领地已被王先生揭开了"盖头"，蕴藏在心中的那份几十年的感情全部流露了出来，让人欲罢不能。

就这样，经过3个小时的"聊天"，王先生对借钱一事只字未提，只是与张先生回忆了家乡的变迁，犹如放电影一般。最后，张先生不但主动提出要为家乡捐款一事，还答应了与家乡合资办厂的要求。

俗话说："老乡见老乡，两眼泪汪汪。"案例中的王先生就是通过展现乡情来打动张先生的，的确，乡情是以地缘为纽带而结成的特殊缘分，人们在说话办事时可以靠乡情套近乎、拉关系，可以利用乡情打通关节，办成事情。

当然，在求人办事时，说动情的话的方式是多种多样的，但前提必须是要掌握对方的心理，说对味的话，才能真正达到以情动人的目的。通常来说，我们可以从以下几个方面努力。

1.申述自己的处境

20世纪90年代，某国有工厂某车间接到国库券认购任务。

这是一个上百号工人的大厂子，因此，有几百名工人认购了不同的数额，但工厂偏偏有几个不愿认购的"老顽固"。这几个拥有30年左右工龄的老工人，任凭车间主任磨破了嘴皮，依然不肯认购。

"不是说要自愿吗？我不自愿！"

前后已经开了三次动员会，依然毫无结果。下班时，车间主任把这几位老工人送到车间门口，轻声说："我只讲最后一句：我现在很为难，请大家帮个忙。"

奇怪的是，原先态度很强硬的老工人听了这句语重心长的话，竟纷纷表示："主任，我们不会让你为难。"说完，大家立即转身回去签名认购。

很快，国库券的认购任务就完成了。

一句充满人情味的求助话，居然比大道理更具有说服力。作为老工人，虽然文化水平不高，但重情义。现在，领导不是讲大道理，而是请他们帮忙。他们想："领导看得上咱，岂能不给面子？"就这样，气一下顺了。那位车间主任，在正面强攻不下的情况下，改用避实就虚、迂回包抄的战术，先了解对方的心理需求，然后由虚而实，从而达到目的。可见，诚恳的请求，实为有效的说服方法。

2.充分阐明请求之事与被请求者的关系

当然，表现"情"时不能冷冰冰的毫无感情，也不能表现得过度热情。求人办事时，"情"的展现也只是一种客套而已。怎么恰当地"客套"是值得注意的。"欲知其人，先善其思！"意思就是说只有完了解了对方的心里所思，才能在语言、行为上知其客套，赢得对方的好感。

用情打动别人这一求人办事的方法，一般用在比较大的或较为重要的事情上，需要我们把对人的请求融入动情的叙述中。通常来说，一句富有人情味的话，往往比那些大道理更具有说服力。

巧妙铺垫，将所求之事顺势说出口

生活中，人们都有这样的心理：对于那些关系一般或者不熟识的人都是心怀戒备的，并且，也觉得没有必要答应对方的请求，而一旦对对方产生好感，并愿意与之结交后，对于对方提出的请求也就会欣然答应了。因此，在求人办事时，倘若向特别要好和熟悉的人求助，可以直截了当、随便一点。但有时求助于关系一般的人、生人或社会地位较高的人时，则常常需要一个"导入"的过程。这个导入过程可长可短，得视情况而定。

刘先生最近公司资金状况出了点问题，他原本想通过向银行贷款解决这一问题，但无奈，被银行拒绝了。随后，他想到了某大老板张先生。但问题又出现了，据说，张先生是个出了名的铁公鸡，从不愿意借钱给别人，怎么办呢？

刘先生深知用一般的方法来向他借钱，绝无成功的可能。他经过片刻思考后，就下定了决心，打电话给张先生，约好见面的时间和地点。这天，刘先生并没有开车，而是搭乘公共汽车前往，然而在离张先生家还有150米时，他就下车开始全速跑向张先生家。

那时虽是春天，但天已经开始热起来了，刘先生跑到的时候，已经是大汗淋漓，张先生见了他非常诧异地问："你怎么回事？一身汗！"

"我怕赶不上时间嘛，只好跑着来！"

"你怎么不打车呢？"

"其实，我很早就出发了，上了公共汽车后，却又遇到堵车，没办法，我看时间不够了，就只好下车跑过来了！"

"像你这种人也会坐公共汽车吗？"

"怎么？我这个人很注重节约的，别人都说我吝啬，我怎么会坐计程车呢？坐公共汽车既便宜又方便，而且自己没有私车的话，也省了请司机的开销。其实，还是用双脚最好，碰到赶时间的时候，只要用它们跑就可以，既不花钱，又可强身，多好啊！我这种吝啬的人哪会像你们大老板一样有自己的私车呢？"

"我也很小气啊！所以，我也没有自家的车子。"张先生谦逊地说。

"您那叫节俭，我这叫小气，所以才有'小气鬼'的绰号。"

"但是我从来没听说过你是这种人。其实，我才真的被人认为是吝啬鬼。"

"张先生，人不吝啬的话是无法创业的，所以，人不能太慷慨。我们做事业的人都是向银行或他人贷款来创业的，当然是应该节俭，千万不能随便地浪费钱啊！我们要尽量地赚钱，好报答投资的人。钱财只会聚集在喜欢它、节省它的人身上……我经常对下属这么说。"

刘先生的这些话使张先生产生了共鸣，于是很反常地借钱给这个相见恨晚的刘先生。

刘先生在求人办事上的这一套手法着实很耐人寻味，面对一个吝啬的人，他一反常人的做法，说明吝啬的好处，获得了对方的认同，继而成功借到对方的钱，挽救了他的事业。

求人办事时，对方能不能答应你的要求，能不能全力帮助你把事情办成，关键在什么？关键在他心里是怎么想的。他的心里怎么想问题，就决定了他对你提出的事是给办还是不给办。一般来说，如果你和所求之人是陌生人或关系不熟，那么，你就不能急于切入正题，而应该先拉近双方的距离，让一切水到渠成。

那么，具体说来，求人办事的过程中，我们该怎样逐步"导入"正题呢？

1.先找到共同的话题

面对不熟悉的人，一开始最好避免开门见山地直述自己要达到的目的，迂回地谈些其他事情，比如天气、足球、服装、电影……从中找到共同兴趣点，然后才在共同感兴趣的话题上不露痕迹地、自然地转入到正题上去。这样可以取得很好的效果。

2.秉持"说三分，听七分"的原则

许多善于说话的人都强调"听"的重要性，因为只有善于倾听才能达到目的，听人说话的本意在于了解对方的心意，把握对方的想法和要求。而对方是商谈的主角，所以应让对方多说，以对方为中心，而自己多听，从而更能掌握对方的态度。

3."导入"正题时注意运用容易被对方所接受的说法

一句内容和中心思想完全一样的话，由于说法不同，产生的效果可能会有所不同。有的可能会让人觉得亲切、易于接受，有的则让人觉得生硬。通常反复强调你的想法未必能发挥太大的作用。

另外，还要尽量防止自己的话无意间冒犯到对方。所以，在有求于人时应事先对对方有所了解，若无意中冲撞了对方，岂非前功尽弃？

人们对于自己不熟悉的人或事，往往都持有一种排斥的心理。因此，任何请求，如果直截了当，会显得突兀，让对方难以接受，而如果我们能巧妙铺垫，然后再导入主题，对方会更易接受。

配以"互利"的承诺，让对方欣然答应

我们都知道，人是三分理智、七分感情的动物，友善会孕育友善，付出会孕育付出，所以生活中你怎样对待别人，别人就会怎样对待你。这就是心理学上人们常说的互惠原则。根据这一原则，我们在求人办事时若不忘表示愿意给对方以某种回报，或将牢记对方所提供的好处，即使不能马上回报对方，也一定会在对方用得着自己的时候鼎力相助。配以"互利"的承诺，让对方觉得他的付出值得，同时也会对求助者多一分好感。

某年，由于市场竞争激烈，木材市场十分不景气，木材的价格又大幅下跌，很多大型林场都遇到了危机。面对这样的情况，某林场场长决心带领大家从夹缝中冲出去。为此，他亲自到欧美一些国家做市场调查，搜集信息，寻找合伙对象，开辟新市场。

在国外，场长找到一家著名的家具生产集团。场长开门见山说明来意，希望那家公司能够把他们的林场作为原料采购基地。对方公司总经理说："现在我们的原料供应系统很稳定，你有什么优势让我们把别的公司辞掉，而选用你们的木材？"

场长不卑不亢地列举了该林场三大优势：第一，林场的木材质量有保证，有很高的信誉；第二，可以长期合作，保证长期供货，长期供应价格上给予一定的优惠；第三，林场有自备码头，保证货运及时，并有良好的售后服务，更重要的一点是保证信守合同。场长在大谈林场的三大优势后，还不紧不慢地对外方总经理说，林场刚刚与国际上另一家知名公司签订了供货合同。那位经理听说连那样的大公司都与中方的这家林场签订了合同，看来林场实力不弱啊！他立即同意就供货问题正式洽谈。签订合同之前对木材进行现场检测。经检测，木林质地良好，是家具原材料的上上之选，经过一番讨论，双方终于正式签订了合同，该林场在国际市场上也站稳了脚。

　　这里，林场老板是怎么让这家公司答应与之合作的？很简单，他在自身力量较弱，处于劣势的情况下，采取了往自己脸上贴金的方法，玩个把戏把身价抬高，继而让对方看到与之合作会有利可图。

　　的确，一般人求人，态度一定会低三下四，让对方可怜，好像只有这样才容易获得救助。但是这种人对方可能见得比较多，也就会见怪不怪了。同时，一些人在看不到帮助你之后得到的利益的情况下，是不会对你伸出援助之手的。如果你一反常规，多谈及对方在帮助你之后会获得的利益，那么，综合权衡之下，对方答应请求的概率会大大增加。

　　那么，具体来说，我们该怎样运用互惠原则来求人办事呢？

　　1.为自己贴金，让对方看到你的潜力

　　正如上例中，那位场长没有刻意地恭维对方而是底气十足地向对方提出要求，紧接着在不经意中道出自己与另一家公司签订了合同，无形中抬高了林场木材的身价，令对方对他刮目相看，如此一来事情自然好办多了。

很多场合，双方情况都是虚虚实实，谁也无法完全摸清对方的底细。在这种大环境下，如果你实力弱而又想借助对方力量的话，那么你就应该多往自己脸上贴金，抬高身价，至少给对方一个你实力强大的假象，让对方看到你潜在的实力，进而愿意助你一臂之力。

2.承诺给予对方一定的利益

其实，人们在遇到他人求助的时候，总是在寻找心理平衡，帮助他是不是值得？我能得到什么好处？他会不会记得我帮助过他？在这些疑问存在的情况下，人们是不愿意下决心帮助你的。此时，如果你对其许下承诺，保证会给其一定的利益报酬，那么，就等于给对方吃了一粒定心丸，而对方帮助你的可能性也就提高了。

给对方一个超过事实的美名，让对方无法拒绝

生活中，每个人都喜欢听好话，这也就是人们所说的赞美，它会激发听者的自豪和骄傲。从我们自身来说，赞美完全可以是求人办事时最好的手段之一。我们赞美的时候，可以先

把对方捧高，让其不好意思拒绝你的要求。比如，我们可以给对方一个超过事实的美名，让其自我感觉良好。这样在跟他说话的时候他就会在心里有一种自己是很值得人尊敬的感觉，对于你的请求，他又怎么好意思拒绝呢？

一位妇女抱着小孩上火车，车上位子已经坐满，而这位妇女旁边，一位小伙子却躺着睡觉，占了两个人的位子。孩子哭闹着要座位，并指着要他让座。小伙子假装没听见。这时，小孩的妈妈说话了："这位叔叔太累了，等他睡一会儿，他就会让给你的。"

几分钟后，小伙子起来客气地让了座。

这位妇女无疑处于"求人"的地位，她能靠一句话求人成功，聪明之处正在于以一个"礼"字把对方架在了很高的位置：他应该休息，而且他是个好人，因为如果他不"睡"了，他会主动让给你的。显然，一个再无礼的人面对这样的礼貌也不会无动于衷。

某工程机械制造厂的科长与其部属的对话："小李，你看起来气色蛮好的嘛，听说最近挺清闲的？你看人家小张，多忙！在这个社会上，总是能者多劳的。不过听说你的英文很棒，反正闲着也是闲着，帮我翻译一下这篇稿子，这个礼拜就要！"

"这礼拜？我恐怕要跟你说声抱歉。下星期一我有一个会议，必须准备一些相关资料，所以可能没时间为你翻译，科长不也是大学毕业的吗？我看根本不用托我嘛，反正我正职的工作都做不好，就别说翻译这么重要的事情了。"

"啊，我知道了，算了，不求你也罢。"

这里，这位科长求人办事的方法实在不对，找部属替自己翻译，是要去说服而不是贬低他。拿对方同别人相比，言辞间流露出批评之意，甚至还批评对方工作没做好。如此一来，对方哪还会想替你做事，这实在是糟糕透顶的谈话。事实上许多人都是这样子，在求人办事的时候，不懂得抬高对方，反而伤害了他人的自尊，却还一副若无其事的样子。碍于上司与下属间的关系，对方即使受到伤害，也不至于当场和你翻脸。但是长期下来，部属心中对上司的不满也会忍不住溢于言表了。

如果这位科长像下面这样说话，就不会碰壁了："小李，你最近有空吗？听说跟你同期的小张最近很忙。知识经济时代，真是能者多劳啊。下周又要开会，你现在一定也很忙吧！我曾听人说你的英文不错，不知能否抽空帮我翻译一下这篇文章呢？是非常重要的资料，急着要的，行吗？"

如此和气的请托，谁会忍心拒绝呢？为什么换一种说法小李的情绪就会和前例迥然不同呢？这是因为他的自尊心得到了极大的满足。无论是谁，对自身拥有的东西都会有一种自豪、珍惜之情。尊重这份感情，也就能赢得对方的信赖，获得对方的帮助。

那么，要怎样通过赞美获得他人帮助呢？

1.了解对方，给对方戴一顶最适合的"高帽子"

每个人都有其最自豪的地方，我们抬高别人之前，就要先找出对方最值得赞扬的地方，然后加以赞赏，必然会得到他的好感，要说服他或者请他帮忙也就不再是难事了。

2.不着痕迹地夸大别人的优点

抬高别人，难免要说一些奉承话、恭维之辞，把对方的优点加以拔高、放大。这样的话有明显讨好之意。因此，我们在抬高别人的时候，一定要说得巧妙，最高明的做法是自然而然，不露痕迹。

3.适当示弱求帮助

用商量的口吻向对方说出自己要办的事是一种巧妙的办法。装作自己没有任何把握，将建议与请求等慢慢表达出来，给对方和自己留下一条退路。比如说："这件事我办起来很困难，你试试如何？"

所谓的"抬高对方"，在求人办事时就是"捧"，是指对所求的人的恰到好处、实事求是的称赞，并不包括那种漫无边际、肉麻的吹捧。求人时说点对方乐意听的话，尤其是顺便就与所求的事有关的方面称赞一下对方，也不失为一种求人的好办法。

寻找一个好时机，说出难以开口的请求

我们都知道，求人办事能否成功，往往和对方的心情有关。如果对方高兴，很可能会二话不说答应你；但如果对方心情不悦，那么，求人办事的过程也会变得艰辛很多。因此，那些善于掌握他人心理的人，往往都会选择对方心情愉悦的时候提出自己的请求。因为从心理学的角度看，人们在心情愉悦的时候，对于他人的请求的排斥度会大大减小。可能这就是为什么那些销售人员会选择客户公司庆典、结婚纪念日、升职加薪日上门推销的原因了。当然，有时候，我们可以为客户"制造"一个心情愉悦的时刻。

有位先生和朋友去拜访一位教授，希望这个教授能为自己的学业指点迷津，那个教授为人严肃，平时不苟言笑。坐了半天，除了开头说了几句应酬话，剩下的只是让人尴尬的沉默。

忽然，那位先生看到教授家养的热带鱼，其中几条色彩斑斓，游起来让人看得眼花缭乱。那位先生知道这鱼叫"地图"，自己也养了几条，还很得意地为朋友介绍过。教授见那位先生神情专注，就笑着问："还可以吧？才买的，见过吗？"只听那位先生说："还真没见过。叫什么名字？明儿我也打算养几条呢！"当时他的朋友不解地看看他，心想：装什么糊涂，不是上星期才到你家看过吗？

可教授一听，来了兴致，神采飞扬，大谈了一通养鱼经，

那位先生听得频频点头。那位教授像是遇到了知音，说说笑笑，如数家珍地给他讲每条鱼的来历、名称、特征，又拉着他到书房看他收集的各类名贵热带鱼的照片，气氛顿时活跃起来。他们一直聊到吃过晚饭才走，教授也答应下次让这位先生带上不懂的书籍登门拜访，朋友才突然领悟到那位先生说谎话的用意。

一句谎话使教授前后判若两人，本来几乎陷入僵局的交谈又顺利地进行下去了，这都归功于一句谎话。若据实相告，那很可能就会继续"尴尬"下去。

可见，求人办事的过程中，对方的心情在事情成败过程中所起的作用。如果你不顾对方心情与感受，打一个招呼就开始讲自己的来意，迫不及待地反复强调自己的想法是如何如何，以及帮助自己有什么好处，这样往往事与愿违。因此有经验的求人者并不是一开始就切入正题的，而是先勘查现场气氛。

那么，具体来说，我们该如何说话，才能制造出一个有利于我们开口的时机呢？

1.多提及对方喜欢的事

那些求人办事成功者，往往都有一个经验，那就是多提及对方关心、喜欢或者自豪的事情，因为渴望被人重视是每一个人的心理。为此，我们有必要多花心思研究对方，对他的喜好、品位有所了解，这样才能顺水推舟。

提及对方的工作，或许他的工作需要你的支援；提及时事问题，可能对教育与政治的问题你们观点一致；提及孩子等家庭之事，大家都有着一本难念的经；提及体育运动，也许你们都喜欢棒球；提及对方的故乡及所就读的学校，极有可能你们是同乡同校……

2.交流以对方为中心

在求人的过程中，要明白主角永远是对方，而你必须自始至终完全扮演配角才可以。如果本末倒置，在商谈过程中以自己为中心，只是洋洋自得地反复谈论自己的事情、自己的爱好，只管发表自己的看法，而不从对方的角度来考虑，这样难免会引起对方不快。所以，求人者应尽可能寻找彼此共同关心的问题。

3.适时提出自己的请求

当然，这一切必须显得水到渠成，不可过于急切，如果对方还是对你心存疑虑，那么，就不可操之过急，而应该继续与对方进行一些相互了解的谈话。如果彼此之间已经相谈甚欢，你便可以提出自己的请求，但还是必须注意要用商谈的口吻，注意自己的措辞。

求人成事的过程就是说话的过程，要设法在言谈中让对方不自觉答应你的要求。不论你引入什么话题，从一开始打招呼到正式商谈，每一个过程都应注意说话要巧妙、得体。只有适逢时机地提及你的问题，才能提高求人办事的成功率。

第十一章

反击公式：拿捏有度，柔中带刚

遭遇语言攻击，不如把球踢给对方

在各种正式的谈判场合，谈判对象之间虽然没有拿着刀枪，但是实际上却刀枪相见，兵不血刃，谁都想以心理博弈的方式，以语言作为媒介，从而最大限度维护己方的合法权益，也为己方争取到更大的利益。在这种情况下，谈判场就像是没有硝烟的战场，弥漫着紧张的、剑拔弩张的气氛。有的时候即使是说错一句话，都会被对方抓住小辫子，进行肆意攻击，甚至失去巨大的利益。因而，很多经验丰富的谈判高手总是会故意制造各种压力，从而使谈判对象内心惊慌失措，最终不得不心不甘情不愿地做出让步。实际上，在谈判时如果遭遇对方的恶意刁难，我们最简单且直截了当的方式，就是"以其人之道，还治其人之身"，换言之，不管对方问我们什么问题，我们只要"反问"的方式把问题抛回给对方，那么对方就会对我们无计可施，甚至不得不接受"烫手的山芋"，导致自己变得非常被动和尴尬。

细心的朋友们会发现，真正的谈判高手，不管置身于何种谈判的场合，也不管谈判对象的实力多么强，他们都能从容面对唇枪舌剑，以超高的智慧在各种复杂的局面中应付自如。他们不但有着敏锐的观察力，对对手的内心洞若观火，而且智慧超群，使得对手根本占不到任何优势。哪怕对手恶意挑战他们，别有用心地激怒他们，他们也能够恰到好处地及时反击对方。在各种语言策略中，巧设问题发问，就是谈判高手们屡试不爽的谈判技巧之一。当然，需要注意的是，如果我们的谈判对手谦和有礼，我们是无须使用这种极具攻击力的方式反驳对方的。只有在谈判对手对我们不怀好意或者恶意刁难、攻势很强的情况下，我们才可以用这种方式后发制人。当然，假如我们也想要先发制人，给对方造成压力，那么则另当别论。

要想在谈判过程中取巧，我们除了要有三寸不烂之舌，能够做到谈话滔滔不绝之外，还要能够学习和掌握各种心理策略和语言技巧，从而让我们的能力得到充分发挥，让我们的语言绽放异彩。那么，我们如何才能以反问的方式巧妙把皮球踢给对方呢？首先，我们在谈判过程中应该保持警觉，这样才能最大限度保持理智，也从而能够敏感觉察到对方任何的攻击行为或者话语。就像一个猎人要想捕捉到猎物，必须带着猎枪，而且随时要准备扣动扳机一样，我们哪怕在谈判之前准备充足，也要在谈判过程中如同敏锐的猎豹一般随时关注谈判的情况和动向。这样一来，我们才能捕捉到对手的任何细微举动，从而及时判断出对手接下来准备如何展开谈判，最终做到未雨绸缪，及时调整谈判策略，把一切工作都做到前面，使对手的任何招数都最终失去效力。

除了这个预防措施之外，如果我们发现阻止对方已经来不及，那么就要学会像踢皮球一样把棘手的问题踢给对方。毕竟，我们不是谈判对手肚子里的蛔虫，不可能对谈判对手的所思所想都完全摸得清清楚楚，在这种情况下，当对手已经抛出难题，作为对谈判的补救措施，我们完全可以采取反问的方式把难题踢给对方解决。当对方对于自己用来刁难我们的问题都哑口无言、无法回答时，那么他当然不可能再质问我们了。这样一来，我们就从被动到主动，完全扭转局势。

总而言之，谈判的情况瞬息万变，我们在谈判过程中一定要保持机敏，从而做到随机应变。掌握了反问的方式，我们不仅多了一项谈判技巧，而且更能够在谈判过程中占据主动，从而达成目的。

把说话的主动权让给对方，反而能占据主动权

很多人对于交谈，尤其是谈判，都有一个误区。即觉得自己唯有更加主动，先发制人，才能最大限度在谈判中占据主动位置。殊不知，不管是日常交谈，还是正式商务场合的谈判，抢先开口都是一个不太明智的选择。古人云，言多必失，祸从口出。在心理博弈的过程中，一个人如果先开口表达自己，一则会给对方传达关于自己的信息，二则也会因为言多必失，导致自己露出破绽。由此可见，在谈判中抢先开口不是好的选

择，而应该把说话的主动权让给对方，从而通过认真倾听对方做到知己知彼百战不殆，最终在谈判中获得成功。

认真倾听，不是怯懦和退让，而是为了给对方最有力的回击，从而采取的退让行为。很多人在谈判过程中总是为了抢占先机而采取先发制人的策略，但是却因为不知所以就开口，反而导致自己处于更被动的状态。实际上，聪明的谈判者绝不先暴露自己，当他们认真倾听对方的自我表达时，他们就像是蛰伏在暗处的人，众所周知在战场上敌明我暗是很有利的，因此这样的谈判者在谈判中也会取得良好的结果。

曾经，有个日本公司要和美国的一家大公司合作。为此，日本公司准备和美国公司接洽及商谈关于合作的细节。为了迎接美国公司的到来，日本公司做了很多准备，但是在如何接待美国公司及与美国公司洽谈方面，他们感到非常困惑。毕竟，美国公司实力很强，而日本公司只是个小公司。这样一来，日本公司在气势上就先输掉了一截。后来，日本公司的首席谈判高手出面安排谈判的具体细节，谈判小组的成员虽然都不知道这个谈判高手心中是怎么想的，但是都要无条件服从安排，配合谈判推进。

谈判刚开始，面对咄咄逼人的美国公司代表，日方谈判小组的成员毕恭毕敬，甚至低眉顺眼。就这样，美国代表很快依托制作精美、如同好莱坞大片一样的幻灯片，把产品介绍完了。他们原本以为日本人一定会感到非常惊讶，甚至自觉矮人三分，答应他们的一切条件，却没想到日方代表对美国公司的负责人说："很抱歉，我们都听不懂英语，请问您能用日语把刚才的内容再讲一遍吗？或者我们也可以找一个翻译来，你们可以讲慢一些，然后让翻译逐句把内容翻译给我们听。"虽然日方代表看起来毕恭毕敬，但是美国代表却如同泄了气的皮球一样。原来，凡事都是一而再，再而衰，三而竭，战场上更是讲究一鼓作气。但是日方代表的行为，无异于给美国公司的代表泄气，他们在第一次激情澎湃讲述完幻灯片之后，早已经用尽了激情，再也无法照样慷慨陈词地再来一遍了。

就这样，日方代表不漏痕迹地严重打击了美国公司代表的嚣张气焰，使得美国公司代表的计划被打乱，再也无法气势汹汹。日方代表这样看似无意的行为，实际上正是谈判高手巧妙布下的局，目的就在于让美国公司再鼓而气衰。这样一来，日方公司接下来与美方公司的谈判就进行得很顺利，再加上日方是东道主，对付已经泄气的美国公司代表团还是绰绰有余的。最终，可想而知，他们的谈判势均力敌，甚至日方公司还更胜一筹。

在谈判过程中，要想做到认真倾听他人之后有力反击，我们就要做到以下几点。首先，倾听他人先发制人时，一定要保持冷静理智，不要被他人有意或者无意地激怒，这样才能捕捉到更多对自己有用的信息。其次，在倾听的时候，我们还要多多用心，有时候看似无用的信息恰恰会对我们把握他人心理，赢得谈判成功，起到至关重要的作用。最后，在与他人谈判的过程中，我们还要更从容，哪怕对方故意激怒我们，我们也要保持理智。对于他人的故意刁难，我们与其歇斯底里，不如从容应对，必要的时候还可以以自嘲等方式回应，这样才能扭转局势，反败为胜。总而言之，谈判绝非只依靠几句话就能取胜。谈判过程中，先发制人、说的太多的那一方，反而容易自我暴露，导致被对方占据先机。从现在开始，朋友们，就让我们绅士一些，在谈判中表现出良好的谦让风度，把主动开口的权利让给对方吧！

巧妙还击，让对方无力反驳

生活中，我们常常遇到一些居心叵测的人，面对他们的故意刁难，我们难免会陷入进退两难的境地，无法坦然以对。也因此，我们会被伤了面子，甚至自尊心和自信心也受到损害。要想更好地保护自己，我们就应该掌握语言的艺术，学会灵活机动地应对这些尴尬的情况，从而帮助自己摆脱困境，坦然面对他人的刁难，保持镇定自若，气定神闲。

通常情况下，那些难以回答的问题都是带有挑衅意味的。大多数友善的朋友，很少在交谈的过程中故意刁难，因而对于那些生活中无意之间导致的难题，我们可以更加坦然和真诚地回答。而对于那些刻意为之的刁难，则可以予以巧妙还击。需要注意的是，在这种情况下反目成仇是完全不可取的。因为反目成仇只会让他人暗暗窃喜达到了目的，尤其是看到你面红耳赤、歇斯底里。对于那些心怀不轨的人，我们最好的反击就是淡定自若，从容不迫，这样他们的阴谋诡计就落空了。

　　有个穷人带着干粮在赶路。他不停地走啊走啊，直到累得走不动了，才来到一棵树下坐着，靠着树干一边休息，一边拿出干粮就着冷水吃了起来。在他不远处，有个卖小吃的摊贩正在煎肉。看着穷人津津有味地吃着干粮，摊贩一直盯着穷人看。直到穷人吃完了干粮，摊贩突然喊道："喂，穷鬼，你快付钱给我！"穷人很惊讶，不知道摊贩为什么这么说，因而不知所措地站在那里。摊贩依然不依不饶："你看看，你吃着干粮却津津有味，不就是因为闻着我的烤肉味吗！你必须付给我一元钱，这是你闻我煎肉香味的钱。"穷人很发愁，因为他根本没有一元钱，他懊悔地想：天下居然还有这样的事情，早知道我就坐得远一点了。他为自己辩解："老板，我要是有一元钱，就向你卖肉吃了，怎么还会啃着冰冷的干粮呢！而且，我也没有想要闻烤肉的味道啊，是风把它带过来的。"摊贩依然喋喋不休，不依不饶，很快他们身边就聚拢了很多人看热闹。虽然大家都为穷人喊冤叫屈，但是的确无法否认穷人闻到了煎肉的香味。眼看着他们争论不休，大家只好把他们带到了警察面前，让警察判断公道。

　　问清楚事情的缘由之后，警察笑着说："这还不简单，这位大哥的确闻到了煎肉的香味，理所当然要付出代价。"摊贩听到警察的话非常得意，斜眼睥睨着穷人。这时，警察继续说："既然这位大哥没有钱支付，我想他可以借钱支付。那么在场的朋友谁有一元钱呢？借给这个大哥用一下，只需要几秒钟就好。"大家全都不明所以，不知道警察接下来要干什么。从一位群众手里接到一块钱之后，警察拿着钱对着阳光，又指着一元钱在阳光下的投影对摊贩说："现在，把这一元钱的投影拿走吧！"摊贩这才恍然大悟，原来警察只是要把一元钱的阴影给他，因而他觉得很不公平，当即表示抗议，警察却不慌不忙地说："这位大哥只是闻到了肉味，并没有吃到肉，因而你收钱也只能收钱的投影，无需真正拿到钱。"警察的话把摊贩说得哑口无言，他只好灰溜溜地走了。

　　在这个事例中，贪心的摊贩居然向闻到肉味的穷人要钱，而警察先是肯定了摊贩的行为，让其对警察的决议坚决拥护，接着又以子之矛攻子之盾，按照摊贩的逻辑最终决定穷人只需要付出一元钱的阴影，如此一来，摊贩自然无法再说什么，只能灰溜溜地息事宁人。

　　生活和工作中，很多人都会因为他人的故意刁难而面临困境，既不能给予肯定的回答，也不能给予否定的回答，最终陷入两难的境地，无法准确做出判断。面对这样的情况，我们可以反其道而行之，不用费心去想如何回答和解决问题，而只要以子之矛，攻子之盾，就能让对方哑口无言。不得不说，这是对付他人刁难的最好办法，效果显著，且让人无法反驳。

淡定面对，宠辱不惊是最佳选择

每当在生活中面对尴尬的时候，你选择怎么做？是马上感到如坐针毡，甚至迫不及待地逃离现场，还是继续留在那里，以淡定从容地表达找回自己的面子和尊严？相信聪明人一定会选择后者。不管是面对人生的波澜，还是面对交谈中的惊涛骇浪，宠辱不惊都是最佳的选择。

很多人之所以在尴尬的时候就慌张得无法自处，主要是因为他们害怕伤害自己的面子。的确，有很多人都是面子至上主义者，甚至把面子看得比很多事情都重要得多。其实，面子真的有那么重要吗？生活是实实在在的，而从不虚头巴脑。如果你觉得自己的面子高于一切，那么你就会因此而失去更多的东西。在这种情况下，我们只有端正心态，不要过分注重面子，也不要过于苛求自己，才能做到镇定自若。所谓关心则乱，你面对尴尬的慌乱，就是因为过于关心面子而起。一旦迈过了心里的这个坎，我们的人生就会更加顺遂。我们必须记住，每个人的人生都是自己的，他人无权干涉。我们辛辛苦苦努力地活一辈子，也是为了自己，又何必在乎他人的看法和说法呢！凡事只要问心无愧就好，无需奢求得到所有人的认可与肯定。

今天晚上就是平安夜了，马蒂早早地就准备关门，他似乎闻到了妻子在后面的厨房里正在做苹果派，还有烤鸡的味道。马蒂是个双腿残疾的人，他的妻子玛丽是个盲人。自从结婚的那一天开始到现在，他们已经一起度过了三十年的光阴，感情一直非常深厚。也许是因为身体的残疾，他们比普通的夫妻更珍惜感情，在生活中相依为命，在事业上相互扶持，所以才有了现在这个钟表店。

正在马蒂准备关门时，突然有个穷凶极恶的男人走了进来。这个男人气势汹汹，一看就来者不善。此时，因为是平安夜的缘故，街道上已经不见什么人了，巡逻的警察也很久没有来过。马蒂很紧张，他生怕搞出什么动静来被妻子听到。一旦妻子惊声尖叫，也许事情马上就会发生转折，导致恶化。马蒂知道，自己根本不可能拿到柜台里的枪，尽管他每天都坐在那里，此时此刻，他却用轮椅把自己载到了门口的位置。如果不是准备关门，他现在就可以一枪在手，万事无忧。

马蒂紧张地看着那个男人，那个男人也恶狠狠地瞪着他。正当马蒂祈祷玛丽千万待在厨房里不要出来时，玛丽的声音突然响起："亲爱的，该吃饭了，还有顾客吗？"玛丽虽然视力不好，但是听觉极为灵敏，她已经听到屋子里有粗重的喘息声了。马蒂灵机一动，说："不，不是顾客，是我的一位老朋友，他受哥哥的委托顺便来看看我。""那太好了，马蒂。

为什么不请他一起吃饭呢！我做了美味的烤鸡，还有沙拉，还是你最爱的苹果派。让他也尝尝我的手艺吧！"马蒂尽量用平静的声音问："朋友，我的妻子眼睛看不到。我想你可以留在这里吃完饭，咱们一起度过平安夜。然后，我再帮你修理一下你的手表，你再回去吧，好吗？"男人似乎有些不知所措，很久才轻轻地点点头。玛丽毫不知情，热情地招呼着远道而来的"客人"。吃完平安夜的大餐之后，这个穷凶极恶的男人看起来恢复了平静，他面色羞愧地向马蒂告辞，玛丽则再三热情地邀请："欢迎你再来啊，朋友！"男人把进店之后装在身上的几块贵重的金表都掏出来放在柜台上，对马蒂说："这表就放在你这里修吧，再见！"

在这个事例中，原本准备抢劫的男人，因为毫不知情的玛丽的出现，与马蒂夫妇一起度过了难忘的平安夜。原本对生活已经彻底绝望才铤而走险的他，突然间决定改邪归正，不但把怀里的那几块贵重的表留了下来，还对马蒂表示感谢才离开。也许，这个平安夜开启了他新的人生。

假如马蒂没有始终保持安静而惊动了玛丽，假如玛丽面对歹徒歇斯底里，那么事情的结局也许就会完全改变。从这个事例我们不难看出，任何情况下，保持镇定都是完全有必要的。因为一旦我们的情绪失控，或者恐惧，或者愤怒，我们的智商也会随之降低，导致凡事都无法朝着理智的方向发展。

打个不恰当的比方，人生就像战场一样，没有任何人能够预知未来。既然如此，我们只能保持淡定坚强的心，以不变应万变，应对人生中的诸多变数。古人云，兵来将挡，水来土掩，也正是告诉我们要保持镇定自若。

剑拔弩张，不如旁敲侧击的反击效果好

在交往中很多事情并非如我们所预期的那样发展，而是会有很多突发和意外的情况产生，导致人们彼此之间的关系变得紧张，甚至是剑拔弩张。这就像是生活一样，并不总是令人愉快的，也会有悲伤欲绝的局面需要应对。在这种情况下，作为交往主体的人们，应该调整自己的思路，让自己更加灵活主动地面对这些变故。唯有如此，才能做到淡定平和，从容不迫。在遇到非说不可的难堪事情时，也未必要直截了当。除了前文所说的暗示方法之外，对于生性愚钝的人，旁敲侧击则是一种比暗示更加直接的方式，却也不乏委婉。当对方从你的旁敲侧击中领悟到你的意思，也就避免了尴尬和难堪，使彼此之间在事情解决的过程中和圆满解决之后，关系都一如往常，不会受到负面的影响。

哪些事情或者物件可以用来旁敲侧击呢？只要有心，生活中的很多事物和事情都可以拿来旁敲侧击。尤其是涉及某件事情的时候，就更是可以用相似道理的事情来进行说明和点拨。

当说话者能够巧妙灵活地运用旁敲侧击的方法，就能够让听话者从心灵上受到震撼，从而更加主动地反思自身。

眼看着就要大学毕业了，在省城读大学的豆豆很想离开家，去遥远的大城市打拼一番。豆豆是爸爸妈妈四十多岁才有的独生女，所以爸爸妈妈简直把她当作心头肉。如今，豆豆大学毕业了，爸爸妈妈也六十多岁了，因而根本舍不得让豆豆走。但是，任凭他们说破了嘴皮子，豆豆就是不愿意留下来，还让爸爸妈妈不要束缚她。

无奈之下，爸爸妈妈只好请来豆豆的表姐丝丝，想让丝丝给豆豆做思想工作。原来，丝丝当年也和豆豆一样，为了去大城市，离开了家，舍弃了父母为她找好的工作。但是就在去年，丝丝却选择回到家乡，回到父母身边。这到底是为什么呢？一看到丝丝，豆豆就马上说："表姐，我知道你是来当说客的。你可别说我啊，说我也不听，还破坏了你在我心目中的良好形象。"丝丝笑着说："我可不是来说你的。我只是来给你送行的，我支持你出去。""哦，真的吗？"豆豆高兴地说，"那可太好了，我的耳朵都快被磨出老茧来了。"丝丝说："趁着年轻，出去走一走看一看当然好，就像我，如果不是当初走出去几年，现在也不能心甘情愿地回来啊。"豆豆赶紧问："是啊，表姐，你为什么回来呢？我一直不明白。"丝丝笑着说："其实也没什么，就是父母经常生病，我从那么远的上海回到东北，每回来看他们一次都要在路上花费很长时间。你也知道，去年我妈和你爸一样得了心脏病。这个病可等不了我从上海回来啊，要是她真的有个三长两短，我岂不是一辈子都要活在懊悔之中么。这样想着，我觉得还是守在父母身边踏实，毕竟他们年纪也越来越大了。"听了丝丝的话，豆豆陷入了沉思。丝丝的妈妈，也就是豆豆的舅妈才五十岁露头，丝丝就为了照顾妈妈回家了。豆豆的爸爸已经六十六岁了，妈妈也六十二岁了，而且爸爸有心脏病，妈妈有高血压，还患过脑梗塞。对于上了年纪的人而言，这都是要命的病呢！想到这里，豆豆认真地说："表姐，我觉得你是对的。我不能任性，妈妈当年以四十多岁的高龄冒着生命危险生下我，我不能在他们需要的时候远离他们。看来古人说父母在，不远游，是有道理的呀！"丝丝笑了，说："我可没劝你啊！"豆豆也心知肚明地笑了。

在这个事例中，父母和很多长辈都劝说豆豆留下来，但是豆豆却一意孤行，去意已决。对于和自己年纪相差不多的表姐，豆豆不想再听见她的劝说，因而一见到表姐就先给她打防疫针。表姐果然没有劝说她，反而是豆豆好奇表姐当年为何要回到家里，放弃在大城市打拼下的工作和事业，表姐这才娓娓道来，诉说了自己的苦衷。正所谓一语惊醒梦中人，听了表姐的话，豆豆马上推己及人，这才意识到已经六十多岁的父母俨然更需要女儿的陪伴和照顾。如果他们身体有恙，自己在遥远的大城市也是不能安心工作的。既然如此，还不如不绕那个圈，就这样留在原点，更好地发展自己的工作和事业，也不耽误陪伴年迈的父母，可谓一举两得。

　　对于非常抵触他人劝说的豆豆，表姐采取了旁敲侧击的方法，从自己的故事讲起，让豆豆意识到她所面临的情况。这样一来，聪明的豆豆马上反思到自身的做法欠妥，因而心甘情愿地改变主意，重新制订人生规划。不管是在生活中还是在工作中，为了让他人真正心服口服，也为了避免因为针锋相对导致的冲突，我们不妨采取旁敲侧击的方法，帮助他人想明白很多道理，也主动地做出改变。

参考文献

[1]端木自在.讲话其实可以套公式[M].哈尔滨：黑龙江教育出版
　　社，2017.

[2]阿德勒，普罗科特.沟通的艺术学[M].北京：北京联合出版有
　　限公司，2017.

[3]卡耐基.卡耐基高情商沟通术[M].长春：吉林出版集团股份有
　　限公司，2019.

[4]上官海丹.说话其实可以套公式[M].长春：北方妇女儿童出版
　　社，2015.